フッサール入門

鈴木崇志
Suzuki Takashi

ちくま新書

1846

フッサール入門【目次】

＊凡例

一、フッサールの著作からの引用に際して、邦訳がある場合はそれを参照したが、訳語統一などの都合上、訳文を一部変更した。訳者の方々のご寛恕を乞う。
一、その他の著作からの引用においても、必要に応じて漢字・仮名づかいを現代のものに改めたほか、原語表記をカナ表記に改めた。
一、引用文中での〔　〕は筆者による挿入、〔…〕は中略を表す。また／は原文での改行を表す。

イラストレーション＝杉本綾子

はじめに

†現象学とは何か

大学で「現象学」というタイトルの講義をしていると、ときどき、「現象学って何のことだかよくわからないけど、何となく面白そう」という理由で来てくれる人がいる。これはとても嬉しいことだ。ささやかなきっかけであれ、現象学という学問に興味をもってくれたのだから。そして講義をつうじて、現象学の中身についても魅力を感じてもらえると、さらに嬉しく思う。

本書もまた、「現象学って何のことだかよくわからないけど、何となく面白そう」と思ってくれた人に向けて、少しずつ現象学のなかに足を踏み入れてもらうために書かれている。これから本書をつうじて述べていくように、現象学は哲学の一種であるが、本書を読むうえで哲学についての専門的な知識は必要ない。どうしてもややこしい議論をしなければならない箇所もあるが、そこでも一歩ずつ丁寧に話を進めていくつもりである。

そもそも哲学は、大昔の偉い人たちの専有物ではなく、この世界で生きている私たちがみんなで参与できる活動である。哲学の種は身近な経験のなかに隠れているので、自分の経験を振り返りながら言葉を重ねてゆく根気強さがあれば、誰でも哲学を始めることができる。そして現象学とは、この哲学を進めていくためのレシピのようなものだ。

もちろん現象学にかぎらず、哲学のためのレシピはたくさんある。それらのなかでも、現象学というレシピの特徴は、経験に沿って哲学を進めるための方法を丁寧に教えてくれるところにある。特に本書では、現象学の創始者であるフッサールの解説を行うので、いわば「元祖・八つ橋」のように、「元祖・現象学」のレシピを紹介することになる。そこから美味しい哲学ができるかどうかは、みなさん自身に判定してほしい。

†現れと出会い

ここまでは、現象学が哲学のレシピの一種であることを確認してきた。そこで次に、このレシピに冠せられた「現象」という言葉の意味についてさらに考えてみよう。

「現象」と言うと少し堅苦しい感じがするが、「現象」とは、言いかえれば「現れ」のことである。そうすると何となくイメージが湧いてくる。見上げた空に浮かんでいる雲は、白い色やモコモコした形として現れている。いつも顔を合わせるあの人も、日によって色々な服装で、色々な表情で、私に対して姿を現している。

このように私の身の回りの人びとやものごとは、何らかの仕方で現れることがないかぎり、具体的な相貌をとって私と出会うことがない。裏を返せば、私がそれらの人びとやものごとに出会っているということは、それらが私にとって現れているということである。現れのすべてが何かとの出会いであり、出会いのすべてが何かの現れなのである。

さらに言えば、現象学が扱う現れは、視覚的な現れだけにかぎられるわけではない。ふと吹き寄せてくる風は、肌を撫でる感じや少し冷たい感じとして現れている。どこかの家から聞こえてくるピアノの音は、それを演奏している誰かと、遠くからそれを聞いている私とのあいだでは、違った聞こえ方で現れている。日常的な言葉づかいに照らすと奇妙に思われるかもしれないが、本書では、このように広い意味で——つまり視覚的なものだけでなく、触覚的、聴覚的、嗅覚的、味覚的なものなども含めて——現れについて語っていく。ひとまずここで確認しておきたいのは、何かが現れるということが、とても身近で多様な出来事であるということだ。

すでに述べたように、現象学は、経験に沿って進められる。そしてここで念頭に置かれている経験とは、何かが私に対して現れ、私がそれと出会う場面のことである。現象学は、普段の私の生活のなかで何が起きているのかを描き出し、そこにおいて私が人びとやものごととどのように出会っているのかを明らかにしようとするのだ。

†フッサールの現象学

そして本書が特に着目するのが、この現象学の創始者であるドイツの哲学者、エトムント・フッサール（一八五九〜一九三八）である。フッサールがどんな人物であったかは第一章で詳しく述べるが、ひとことでまとめれば、彼の人生は、現象学を確立することに捧げられたと言ってよい。

フッサールの七九年にわたる生涯のなかでは、たしかにいろいろな出来事があった。オーストリア帝国のモラヴィア地方（現在のチェコ共和国）のユダヤ人家庭に生まれ、学生時代には数学から哲学へと転向し、十数年間の私講師時代を経て、ドイツの大学で哲学の教授職に就いた。妻マルヴィーネとのあいだに三人の子どもをもうけるが、第一次世界大戦では次男を亡くしている。晩年には、第二次世界大戦が近づく危機的な社会情勢のなかで、反ユダヤ主義の高まりにも直面することになった。フッサールは、こうした出来事を淡々と受け流していたわけではない。友人・知人に宛てた手紙のなかでは、ときに悩み、苦しみ、ふさぎ込む彼自身の心情がつづられている。

しかし、このように少なからぬ変転に見舞われた生涯を通じて、フッサールは自分の哲学を打ち立てようとする情熱を決して失うことがなかった。彼は自分の哲学が今までにない新しいものであると自負しており、それに「現象学」という名前を与えた。そしてこの現象学の構想を描き出すために、フッサールは、いくつかの公刊著作に加えて、速記文字で膨大な草稿を書いたのだった。

現象学は、天才的な一瞬のひらめきによってではなく、書いて書いて書きまくるという泥臭い力業によって生まれた。思考のプロセスをひたすら出力しつづけるという地道な作業をつうじて、フッサールは、まさに一生をかけて現象学を確立したのである。

エトムント・フッサール（1859〜1938）

ちなみに「現象学（フェノメノロギー）」という言葉は、一八世紀以来ドイツ語圏の哲学のなかで幅広く用いられていたものであり、フッサールの独創というわけではない。したがってフッサールが現象学を確立したというのは、彼がこの単語を作り出したということではなく、それを哲学上の独自の立場を表す名称として使い始めたということである。

フッサールは、哲学を確固とした仕方で進めていくためには、経験のなかでものごとがどのように現れるかに注目する必要があると考えていた。そこで彼は、ものごとの現れに焦点を合わせるために「エポケー」と「還元」という独自の方法を考案し、それらの方法に沿って進められる哲学を「現象学」と呼んだのである。現れ、すなわち現象を主題とするから「現象学」だというわけである。

フッサールの考案した方法は同世代あるいは後の世代の人びとによってさまざまに手を加えられていったが、「現象学」という名称とその基本的なアイディアは受け継がれた。そのようにフッサールの思想を批判的に継承しながら新たに現象学を展開した人物としては、例えばマックス・シェーラー、マルティン・ハイデガー、ジャン＝ポール・サルトル、モーリス・メルロ＝ポンティ、エマニュエル・レヴィナスらの名前を挙げることができる。そしてさらに彼らの思想が影響を及ぼし……というかたちで現象学のアイディアが次々と伝播していくことによって、現代哲学のなかに「現象学運動」という一つのムーブメントが生じたのである。この運動は世界各地に広がり、今でも止むことなく進行している。

本書は、フッサールの現象学の解説を行うだけでなく、彼以降の人びとによって形成されてきた現象学一般への導入を行うことを目指してもいる。前段落で述べたとおり現象学は現在も進行中のムーブメントなので、もちろんフッサールの思想の内部に収まるものではない。現代の現象学はフッサールを超えて、それどころか哲学という枠を超えて、心理学、社会学、地理学、看護学などのさまざまな学問分野のなかに浸透している。とはいえ、このように多方面に展開している現象学の見取図を描くためにも、その端緒となったフッサールの現象学を押さえておくことは無益ではないはずだ。

遠回りに思われるかもしれないが、ある思想を学ぶときには、その源流にさかのぼることで広い展望を得ることができる。「現象学に興味はあるけれど、どこから手をつければよいのかわからない」という人にとって、本書が一つの指針となれば幸いである。

†本書の構成

こうした見通しのもとで、本書はフッサールの現象学についての解説を行う。そのための導入として、まず第一章では、フッサールがどのような人物であったかを紹介する。そのうえで第二章以降では、本格的にフッサールの現象学の内容に踏み込んでいきたい。

第二章では、現象学が「経験の仕組み」の解明を主眼とした研究であることを示し、その仕組みを明らかにするためにフッサールが考案した方法について説明する。次に第三章では、現象学の研究領域である経験とはそもそも何であり、それがどのように分類されるかを解説する。つまり第二章と第三章は、現象学の大まかな枠組みを、方法と研究領域のそれぞれに関して示すパートである。

そして第四章から第六章にかけては、第三章で提示された経験の分類に沿って、「知覚」「価値」「自己」「他者」などのテーマについて順番に論じていく。私は自分の外にある世界や自分の内にある体験などを知覚によって把握したり、それらが帯びた価値を感じ取ったりする。また私は、ひとりきりで生きているわけではなく、他者とさまざまな仕方で出会う。フッサールの現象学が記述しようとしているのは、決して浮世離れした抽象的な事柄ではなく、このような私たちの具体的な日常のありさまである。

ただしこのことは、現象学の記述がごく当たり前の事実の再確認にすぎないというわけではない。私たちの日常の経験は、普段はあまりにも自明なこととされているために、ことさらに注意を引かない。現象学の記述は、そのように隠れていることを露わにするためになされる。するとそのとき、私たちが世界のなかの事物や価値や他者と出会うときに起こっていることについて、新たな発見が得られるかもしれない。そんな期待を込めて、一緒にフッサールの現象学について学んでいこう。

第一章　他者と向き合うための孤独——フッサールの肖像

1　フッサールの生涯

†少年時代（一八五九〜一八七六年）

エトムント・フッサールは、一八五九年四月八日、当時オーストリア領に属していたメーレン地方のプロスニッツという街（現在のチェコ共和国モラヴィア地方のプロスチェョフ）のユダヤ人の家庭で、織物商の父アドルフ・アブラハム・フッサールと、母ユーリエ・フッサールのもとに生まれた。四人きょうだいの次男であり、兄のハインリヒ、妹のヘレーネ、弟のエーミールとともに育った。家庭の雰囲気は宗教的にはリベラルで、ユダヤ教の影響はあまり強くなかったようである。

フッサールの子どものころのエピソードを一つ挙げておこう。あるときポケットナイフを贈られたフッサール少年は、ナイフの刃が十分に鋭くないことに気づき、それを研ぎつづけた。当時の彼は、ナイフを研ぎ澄ますことに夢中になるあまり、刃先がだんだんと小さくなっていくことに気づかなかった。そしてついに、刃先は消えてなくなってしまった。――老境にさしかかったフッサールは、この話を、悲しげな調子で弟子のレヴィナスに語ったという。

『フッサール全集』第I巻の編者シュトラッサーは、レヴィナスから伝え聞いたこの逸話を、「みずからの哲学的方法をたえず改良しようとするフッサールの傾向」を示すものとして紹介している（『フッサール全集』第I巻、編者序文）。フッサール自身がこの話にそこまでの含みをもたせていたかどうかには議論の余地があるが、少なくとも彼は、相当にこだわりの強い子どもだったようだ。

ただし、こだわりの強さが発揮されるのは、フッサール自身が興味のあるものに限られていたようである。ギムナジウム（大学進学のための中等教育機関）に入学したフッサールは模範的な生徒とは言いがたく、授業中は寝てばかりいた。彼を小突いて起こすのが同級生の日課であった、という逸話すら伝わっているほどである。そんな彼がただひとつ関心を示した教科は数学であり、数学の時間だけは抜きん出たところを示していた。また学校での様子はさておき、家ではたくさんの本を読んでいたらしい。

こうした素行では、卒業が危ぶまれるのも当然のことであった。しかし「フッサールは最終試験に落ちるにちがいありません、彼はわれわれを散々愚弄してきましたから」という教師たちの噂話を耳にしたフッサール少年は、このままではまずいと思ったらしい。一念発起した彼は朝五時に起きて勉強し、これまで遠ざけてきた教材もちゃんと読むようにした。こうした努力の甲斐あって、彼はアビトゥーア（ギムナジウム卒業試験）をクリアして大学入学資格を得た。試験勉強は辛いだけではなかったようで、妻のマルヴィーネが後年に伝えたところによれば、このころのフッサールは「数学の理論の途方もない美しさ」にますます魅せられるようになったという。

†学生時代（一八七六～一八八三年）

一八七六年にギムナジウムを卒業したフッサールは、同年にドイツのライプツィヒ大学に進学した。ライプツィヒ大学では天文学を専攻する傍ら、数学、物理学、哲学などの講義を受講している。

また入学して間もないころ、フッサールはライプツィヒで同郷の先輩であるトマーシュ・マサリク（後のチェコスロバキア共和国初代大統領、一八五〇～一九三七）と出会っている。

当時のマサリクは哲学を熱心に研究しており、フッサールにも哲学書を読むように勧めている。十歳近く歳の離れたマサリクは、ときに師として、ときに友として、フッサールと長年にわたる親交を結ぶことになる。

この頃のフッサールは、かねてより惹かれていた数学と、新たに関心の芽生えた哲学のあいだで揺れていたようだ。一八七八年にベルリン大学に転学したフッサールは、しばらくは哲学と数学を並行して勉強している。しかし逡巡の末、当時のフッサールは数学を選び、著名な数学者のヴァイアーシュトラースとクローネッカーのもとで本格的に数学の研究に取り組むようになる。さらに一八八一年にはウィーン大学に移り、八二年に「変分法論考」という数学の論文を執筆し、翌年に博士号を取得した。

✝ブレンターノとの出会いから『論理学研究』執筆まで（一八八四〜一九〇一年）

こうして数学者の道を歩み続けるかと思われたフッサールの人生に転機をもたらしたのは、当時ウィーン大学で人気を博していた哲学者フランツ・ブレンターノ（一八三八〜一九一七）だった。一八八四年から八六年にかけてブレンターノの講義やゼミナールに出席したフッサールは、ブレンターノを「天才的な師」として仰ぐようになり、一八八七年には、ブレンターノの弟子であったシュトゥンプのもとで、ハレ大学に教授資格申請論文「数の概念について」を提出した。なおこの論文は、加筆修正を経て一八九一年に『算術の哲学』として出版されている。

またこの時期には、フッサールの信仰にも大きな変化があった。一八八六年、彼は友人アルブレヒトを代父として洗礼を受け、キリスト教プロテスタントに改宗した。その背景には重大な宗教的体験があったようであるが、その詳細は定かではない。

一八八七年からハレ大学で私講師として働き始めたフッサールは、同年にマルヴィーネと結婚し、やがて三人の子ども（長女エリーザベト、長男ゲアハルト、次男ヴォルフガング）が生まれることになる。他方で研究生活においては、『算術の哲学』を乗り越える新たな立場の確立が目ざされていた。こうした苦闘の成果は、一九〇〇／〇一年に公刊された大著『論理学研究』において結実した。

†ゲッティンゲン時代（一九〇一～一九一六年）

ゲッティンゲン大学に移籍したフッサールは、『論理学研究』によって次第に注目を集めるようになった。特にこの時期には、ミュンヘンで活躍していたテオドール・リップス（一八五一～一九一四）の弟子たちや、同じくミュンヘンで私講師の職に就いていたマックス・シェーラー（一八七四～一九二八）との交流のなかで、いわゆるミュンヘン＝ゲッティンゲン学派が形成された。

そして彼らと協力しつつ、一九一三年には『哲学および現象学研究年報』の第一巻が公刊され、そのなかにフッサールの『純粋現象学と現象学的哲学のための諸構想《イデーン》』（通称『イデーンI』）が掲載されたのだった。しかしそこで打ち出された「超越論的現象学」というアイディアは、ミュンヘン＝ゲッティンゲン学派に属していた人びとの多くにとっては受け入れがたいものであり、なかにはフッサールと袂《たもと》を分かつ人もいた。

†フライブルク時代（一九一六～一九二八年）

『イデーンI』の公刊後しばらくして、フッサールはフライブルク大学で教授を務めることになった。ただしその前後の状況――第一次世界大戦の勃発（一九一四年）、次男ヴォルフガングの戦死（一九一六年）、そしてドイツの敗戦（一九一八年）――のなかで、フッサールの精神状態は決して芳《かんば》しいものではなかったようである。しかし、やがて彼は草稿の執筆を再開し、それをもとにして大きな体系的著作を発表しようと目論むようになった。

なお、フッサールの膨大な草稿の整理には、助手のエーディト・シュタイン、オイゲン・フィンク、ルートヴィヒ・ラントグレーベらが重要な役割を果たした。例えば、『内的時間意識の現象学』（一九二八年刊。公式の編集者はハイデガーだが、実質的にはシュタインが編集)、『第六デカルト的省察』(一九八八年刊。フッサールの委嘱によりフィンクが執筆)、『経験と判断』(一九三八年印刷。ラントグレーベが編集)は、こうした助手たちとの共同作業の産物である。

またフライブルク時代における特筆すべき出来事としては、マルティン・ハイデガー(一八八九~一九七六)との出会いを挙げるべきだろう。フッサールはハイデガーこそが自分の現象学の後継者だと信じていたが、一九二七年に公刊されたハイデガーの『存在と時間』のなかでは、フッサールの現象学からの離反が密かに告げられていた。両者の対立は、同年に『ブリタニカ百科事典』の項目「現象学」の原稿執筆をめぐって顕在化し、やがて、ハイデガーのナチス協力をめぐる政治的な対立とも相俟って決定的なものとなった。

†晩年(一九二八~一九三八年)

一九二八年にフライブルク大学を退職したフッサールは、その後も精力的に執筆・講演活動を続けている。そうした活動のなかで、一九二九年には『形式論理学と超越論的論理学』、一九三一年には『デカルト的省察』(一九二九年にフランスで行われた講演がもとになった)が公刊された。しかし彼の研究活動は、一九三三年に政権を獲得したナチ党によるユダヤ人迫害政策によって危険に曝されることになる。一九三五年には、フッサールは授業の権限をすべて剝奪され、大学への立ち入りを禁じられるに至った。

こうした状況においても、フッサールはウィーンやプラハで講演（死後に『ヨーロッパ諸学の危機と超越論的現象学』としてまとめられた）を行い、当時のヨーロッパにおける学問や人間性の「危機」について訴えつづけている。そして一九三七年八月に自宅で倒れたフッサールは、翌一九三八年の四月に肋膜炎《ろくまくえん》により世を去った。

彼の生まれ故郷のメーレンがドイツに併合され、ドイツ軍のポーランド侵攻とともに第二次世界大戦が始まるのは、さらにその翌年のことである。

†フッサール文庫

なおフッサールは、公刊著作に加えて四万ページにわたる膨大な草稿を遺していた。ナチ党の政権下ではユダヤ人フッサールの遺稿が廃棄される危険があったため、神父ファン・ブレダを中心にした人びとによってベルギーに移され、一九三八年、ルーヴァン大学にフッサール文庫（フッサール・アルヒーフ）が設立された。

その後もフッサール文庫は、ドイツによるベルギー占領などの危機をくぐり抜け、戦後には『フッサール全集（フッセリアーナ）』の編集・刊行を開始し、現在に至るまで作業を続けている。またフッサール文庫は、ケルン、フライブルク、パリ、ニューヨークなどにも支所を設置し、それぞれが世界中のフッサール研究者の集まる拠点となっている。

2 フッサールの文体と思考

†探検家フッサール

フッサールの現象学がどのような方法を用いて、どのように議論を進めていったかということは、本書全体をつうじて解説していくつもりである。ひとまずここでは、これからフッサールについて学んでいくための前置きとして、彼の著述スタイルの特徴を指摘しておきたい。

哲学者の個性は、ある程度までは、その人の文体によって表される。例えば、後の世代の現象学者であるハイデガー、サルトル、メルロ＝ポンティ、レヴィナスらの文体はいずれも個性的であり、好き嫌いは分かれるものの、それぞれ読者を引き込む魅力をもっている。それに比べてフッサールの書く文章は、率直に言えば無味乾燥である。

どうやらフッサールは、文体に気を配ったり文章を洗練させたりするよりも、むしろ自分の思考のプロセスをそのまま出力することに力を注いでいたようである。しかも思考の歩み行きは一直線であるとはかぎらないので、往々にして彼の文章は、本筋から脱線したり同じところをぐるぐる回ったりすることになる。しばしばフッサールの著作は難解だと言われるが、その難解さは、内容のややこしさもさることながら、文章のぎこちなさによるところも大きい。

しかしこうした不器用さは、哲学においては長所にもなりうる。哲学（フィロソフィー）は、もともと「知を愛し求めること」を意味するギリシア語の「フィロソフィアー」に由来する。哲学とは、何よりまず知を愛し求めるという活動、つまり未知の事柄を解き明かそうとして考えつづけることである。したがって、成果よりも活動のうちに哲学の本領があるのだ。

だとすれば、自分の哲学を書き残すときに必要なのは、思考の過程から切り離された結論というより、むしろそこに至るまでの過程なのである。それを細大漏らさず書き出そうとしたフッサールの文章は、ある意味ではとても哲学者らしいものだと言えよう。

思考の過程こそが大切だというフッサールの姿勢は、彼自身の哲学、すなわち「現象学」において体現されることになる。現象学の構想を初めて体系的に提示した著作『イデーンI』において、すでにフッサールは次のように述べている。

現象学は、私たちの叙述のなかで、始まったばかりの学問として与えられている。したがって、ここで試みられた分析の成果のうち、どれくらいのものが最終的であるのかは、将来になって初めて明らかにされうる。たしかに私たちが記述したもののうちのいくつかは、永遠の相のもとでは別の仕方で記述されねばならないだろう。しかし私たちは、一つのことに向けて努力することが許されており、かつ、そうしなければならない。それはすなわち、私たちが自分たちの観点から、このうえなく真剣な研究を踏まえて実際に見たものを一歩ずつ忠実に記述するということである。私たちの振る舞いは、世界の未知の場所を旅する探検家のそれである。探検家は、最短であるとはかぎらない前人未踏の道の途上で、自分に現れてくるものを丹念に記述する。(『イデーンI』第九六節)

この文章に登場する「永遠の相のもとで」という語句は、一七世紀のオランダの哲学者スピノザ(一六三二〜一六七七)が『エチカ』という著作のなかで用いたものであり、時間的にも空間的にも限定されていないところから真理を捉えることを表している。しかしフッサールによれば、そのような神の観点をとることは、現象学者には許されない。むしろ現象学者は、「自分たちの観点から」、つまり各人にとっての「今」と「ここ」に限定された観点から、実際に見たものを記述すべきだとされる。

そのように限定された観点から一歩ずつ手探りで進んでいくときには、自分の歩みが最短距離でゴールに向かっているという保証はない。むしろ自分が足を踏み入れているのはとんでもない回り道かもしれないし、どこにも行き着かない袋小路かもしれない。こうして前人未踏の地に果敢に突き進んでいく（はまり込んでいく？）現象学者の姿は、探検家になぞらえられる。

†フッサールと一緒に哲学する

フッサールの著述スタイルの特徴は、彼自身の戸惑いに満ちた思考の歩みの一歩一歩を記述したところにあった。そのたぐいまれな、愚直なまでに忠実な記述のなかでは、フッサールがどこでつまずき、どこで迷ったのかが克明に描き出されている。

したがってフッサールの文章を読むことは、できあいの思想の体系を眺めることであるというより、むしろひとりの人間の生々しい思考の過程を辿ることである。このとき私たちは、フッサールが素通りしてしまった場所や立ち止まってしまった場所から新たに思考を進めることもできるだろう。

したがって本書も、探検家フッサールの姿勢を見習って、フッサールの主張をただ羅列するのではなく、その主張に至るまでの思考の筋道を説明することを心がけたい。現象学は、「エポケー」や「ノエシス」や「ノエマ」等の独特な言葉づかいをすることで知られている。しかし現象学を学ぶときに、それらのキーワードを暗記する必要はない。大切なことは、フッサールがそのような奇妙な言葉を使ってまで表現しようとしたことを、彼の思考の過程を確かめながら理解することである。

そのうえでフッサールの主張に納得できないところがあれば、もちろん私たちには、それを批判する自由がある。フッサールは「一緒に哲学する（ミットフィロゾフィーレン）」という言葉を好んで用いていたが、一緒に哲学するというのは、ただ相手に付き従うということではなく、むしろ道を違《たが》えても議論を交わしつづけるということである。フッサールの助手を務めたフィンクが後年に語っていたように、フッサールの著作を真摯に受け止めるということは、それをただ鵜呑みにすることではなく、それと「対決する」ことなのである。

†誰も踏み込んだことのないところ

このように哲学は、みんなで一緒に、ときに対決しながら進められるべきものである。しかしその一方で、フッサールには、哲学を基本的には孤独な営みとして捉えている節もある。そこで以下では、この孤独という側面について、フッサールが何を述べているのかを確認してみよう。

フッサールが現象学を「始まったばかりの学問」と呼んでいた先ほどの引用文は、『イデーンI』(一九一三年)のなかに書かれていたものであった。現象学が作られて間もないこの時期においては、たしかに将来の見通しが欠けていても無理はない。しかし年月を経るにつれてフッサールの現象学は次第に支持者を増やしてゆき、彼のもとには、日本を含めた多くの国々の研究者が集うことになった。またフッサール自身が、講演のためにイギリスやオランダやフランスなどに赴くこともあった。

このように現象学が世界に広まっていく様子を目の当たりにして、フッサールは、現象学が後世に受け継がれることについて、ある程度の自負をもつに至ったようだ。

ただし彼の自信は、自分の書いたものがほかの誰にも理解されないのではないかという不安と表裏一体となっていた。例えば『イデーンI』の出版から二〇年が経過した一九三三年、フッサールは、助手のラントグレーベに宛てた手紙のなかで次のように胸の内を明かしている。

ほかの人びとが私に対して、そして私の哲学の活動に対してもつイメージは、私には忌まわしい仮面のように感じられます。私が本来のところ何者であるのか、何者であろうとしているのか、そして私が確信しているとおりに将来に残るものは何であるか――こうしたことは、誰にも予想がつかないことでしょう。たしかにそれを理解するのはあまりにも困難なことであり、実際、「誰も踏み込んだことのないところ」へ向かう途方もない道なのです。（一九三三年二月五日ラントグレーベ宛書簡）

さまざまな含蓄のある文章だが、一つ前の『イデーンI』からの引用文と合わせて読んでみると、一定の解釈を与えることができそうだ。おそらくここでフッサールが言わんとしているのは、フッサールの素顔や彼の哲学の真価について理解したいと思う者には、彼と同じやり方で哲学を実践してもらう必要があるということなのだろう。それが簡単ではないからこそ、しばしば安易に自分に帰せられるイメージは、フッサールにとっては「忌まわしい仮面」のように感じられたのだ。

ところで、フッサールが推奨する方法での哲学の実践が「誰も踏み込んだことのないところ」へ向かうことであるという点は、『イデーンI』で現象学の行程が「前人未踏の道」と呼ばれていたことと符合している。ただし不特定多数の読者に向けて書かれた『イデーンI』とは異なり、目下の文章は助手の一人に宛てられたものである。

それゆえにこそ、ここでは老境にさしかかったフッサールの思いが率直に打ち明けられているようだ。つまり彼は、未踏の地へと向かう実践が「あまりにも困難」であることを認めているのである。

すると『イデーンI』で読者に向けて発せられた誘いの言葉は、常人にはできそうにないことを実行するようにそそのかすという点で、いわば悪魔のささやきのようなものだったのではないか。実際のところ、フッサールの書簡中の「誰も踏み込んだことのないところ」という語句は、ゲーテの『ファウスト』に登場する悪魔メフィストフェレス（メフィスト）の台詞の引用であった。

そこで、やや脱線することになるが、『ファウスト』のあらすじを確認しておこう。研究生活に倦《う》み疲れた学者のファウストは、悪魔のメフィストにそそのかされて若返り、はげしい恋愛や華やかな宮廷生活に身を投じる。フッサールが引用した語句が登場するのは、宮廷で皇帝に仕えるファウストとメフィストが、皇帝の無理難題を叶えるために、世界の秘密が隠されている「底の底」へと降りていこうとする場面である。そこへと通じる道を尋ねるファウストに対して、メフィストは次のように告げる。

道なんかありません。誰も踏み込んだことのないところ、踏み込むことのできないところへ向かうのです。頼んで入れてもらえるようなところではなく、頼みようもないところへ行くのです。覚悟はできていますか――
かんぬきや錠であくのじゃない。
どこまでも寂しさに追い回されるんだ。
あなたにはわかっていますか、寂しさということ、孤独ということが？

（ゲーテ『ファウスト』第二部第一幕、手塚富雄訳）

ここでのメフィストの台詞をそのまま受け取るならば、フッサールが向かおうとしていた「誰も踏み込んだことのないところ」とは、「どこまでも寂しさに追い回され」ながら辿りつくところであり、ほんとうの「孤独」を思い知らされる場所であった。だとすればフッサールは、一方では万人のための方法を作ってみんなで哲学をするように呼びかけつつも、他方ではメフィストの言葉を反芻《はんすう》しながら孤独に歩みつづけていたことになる。

こうした態度は一見すると矛盾しているように思われるが、よくよく考えてみれば、それなりに筋が通っている。つまりフッサールが提案した現象学の方法とは、端的に言えば、孤独になるための方法だったのである。孤独な状態をほかの誰かと分かち合うことはできないが、孤独になるための方法はみんなで共有することができる。フッサールは、哲学をするときに、少なくともいったんは孤独に向き合わねばならないと考えていた。

†他者と向き合うための孤独

ただしフッサールは、「孤独」という言葉を単なる感傷的な意味でのみ用いているわけではない。むしろフッサールが語ろうとしていたのは、本書を通じて次第に明らかになっていくように、「比類のない哲学的孤独」であった（詳しくは第五章を参照）。

この孤独は、フッサールの現象学の方法が、さまざまなものの現れを論じるための出発点として要請するものである。そのように現れるもののなかには、リンゴや色鉛筆のような物体や道具だけでなく、他者も含まれている。だとすれば「比類のない哲学的孤独」とは、他者が現れて私と出会うという秘密を解き明かすためにも、私がまずもって閉じこもるべき領分であると言える。フッサールの現象学において、孤独になることと他者に向き合うことは、表裏一体の出来事なのである。

そこで本書においては、フッサールの現象学を満遍なく紹介することを心がけつつも、その際に一つの筋立てを設定してみたい。それはすなわち、「私」から「他者」へという筋立てである。

筆者の見るかぎり、フッサールの現象学は、「私」を孤独な状態に限定したうえで、いったんはそこに閉じこもって「他者」――つまり、私とともにこの世界で生き、ともに何かを経験したり言葉を交わしたりする者——への突破口を探るという特徴をもっている。そこで次章以降では、このストーリーラインに沿って、フッサールの現象学のさまざまな話題を順番に論じていこう。

あらかじめ見通しを示しておくと、第二章から第五章までは、「私」を孤独な状態に限定したうえでその内部構造を探っていく作業が行われる。したがってそこまでの論述は、あたかもこの世界には他者などいないかのように進められる。そのうえで最終章の第六章では、「私から他者へ」というタイトルのもとで、他者と出会うとはそもそもどういうことかという問いに取り組んでみたい。

したがって本書は、「私」と「他者」という二つのテーマを掲げつつも、「私」に関する議論が大半を占めるというアンバランスな構成をとることになる。そしてこのアンバランスさは、ぎりぎりまで自己のなかに閉じこもるというフッサールの思考スタイルの反映でもある。

ただし念のために付け加えておくと、フッサールの現象学において「他者」というテーマは決して軽んじられているわけではない。むしろ、どうでもよくないからこそ、そこに近づくために一歩ずつ慎重に進んでいく必要があるのだ。自己のなかに沈潜する過程が長ければ長いほど、きっと他者との再会は新鮮なものになるはずである。こうした見通しのもとで、みんなで孤独な探検に出発しよう。

第二章

経験の仕組み

1　どんなふうに経験を記述するか

†世界のなかで生きる

ここからは、いよいよ本格的にフッサールの現象学の解説を始める。「はじめに」で述べたように、「現象」とは言いかえれば「現れ」のことであり、そこでは視覚的な現れだけでなく、ほかの諸感覚による現れのことも念頭におかれている。それらの現れを介して、私は空に浮かぶ雲を眺めたり、どこかから聞こえてくるピアノの音に耳を傾けたり、久しぶりに会った知人の様子に変化を感じたりする。

「はじめに」では、そのように何かが現れることを、私がそれに出会うこととして説明していた。さまざまな現れを介して、日々、私は人びとやものごとと出会っている。出会いは一度きりで終わるとはかぎらず、何度でも新たになされる可能性がある。朝になって目が覚めれば、私は部屋のなかの馴染みの家具や窓から見える風景と出会いなおす。家のなかで、職場や学校で、街頭で、私は家族や友人と、あるいはいつも見かけるあの人と出会いなおす。

現象学の出発点は、そのように普段の生活のなかでいつも新たに生じる出会いの場面、私がさまざまな現れを受け取る場面である。現象学は、どこか高いところから大上段に議論を展開するのではなく、こうした日常のなかに降り立って、そこから哲学を立ち上げようとするのである。

ただし、さまざまな現れをただ受け取るだけでは、まだ現象学は成立しない。「現象（現れ）」についての「学」を作るためには、現象をただ受け取るだけでなく、それを学問的な研究の主題にしなければならない。

そしてどんな学問研究も、まずは子どものように純粋な「どうして？」という問いから始まる。それゆえ私たちも、まずはシンプルな問いかけから始めることにしよう。私にとって何かが現れるのは、どうしてなのだろうか？

この問題は、一見すると簡単に答えられそうだ。私にとって何かが現れるのは、私が生きているからである。あまり想像したくないことだが、もし私が死んでしまったら、もう私は空に浮かんでいる雲を見ることもできないし、身近なあの人やこの人と会うこともできない（死後の世界があってそこにも雲が浮かんでいるかどうかという問題や、私がオバケになって知人に再会できるかどうかという問題には、ここでは踏み込まない）。生きているからこそ、この世界でさまざまなものごとに出会うことができる――つまり、私にとってそれらが現れることがありうるのだ。

しかし、そもそも私が生きているとはどういうことなのだろうか？　生きているという事実はあまりにも身近であるがゆえに、いざその具体的なありさまを捉えようとしても、つかみどころがなくて途方に暮れてしまう。

途方に暮れているだけでは話が先に進まないので、どうにか順序立てて考えてみよう。まず確認しておきたいのは、私が何も無い虚空にぽつんと浮かんでいるわけではないということだ。実際のところ私が今いる場所は、空を見上げれば雲があり、耳を澄ませばピアノが聞こえ、少し足を延ばせば知人に会えるような場所だ。そのように私は自然物や人工物、そして生き物たちの存在する場所に生きている。そこで、私がさまざまなものに出会うこの場所のことを、世界と呼ぶことにしよう。要するに、私は世界のなかで生きているのである。

†リンゴの木を空想する

世界のなかで生きているという事実を踏まえると、目下問題になっている「現象（現れ）」についても、より立ち入って考えることができそうだ。

これまで本書では、私にとって何かが現れるということを、私と何かが出会うということと言いかえてきた。「現れ」や「出会い」の基本的な意味については先ほど述べたとおりだが、ひとくちに「現れ」や「出会い」と言っても、そこにはさまざまな形態がある。フッサールも、みずからの現象学のプログラムを初めて提示した『イデーンⅠ』という本のなかで、現れの諸形態を論じている。そこではしばしばリンゴの木が例として挙げられるので、私たちもこの例を拝借して考えてみよう。

いま私は、自宅でこの文章を書いている。家の回りにはリンゴの木の影も形もないが、それでもリンゴの木と関係を結ぶ手立てがないわけではない。空想によってリンゴの木をただ思い浮かべさえすれば、リンゴの木が心のなかに現れるからだ。

お望みなら、リンゴの木の数を無際限に増やしてもよいし、たくさんの果実をそこに実らせてもよい。こうした空想において、リンゴの木が現実に存在するかどうかはまったく問題ではない。リンゴの木が現実に存在しなくても、私は――あくまで空想上ではあるが

――リンゴの木と出会うことができるし、その木かげに腰かけ、リンゴの実を食べることもできる。そんなふうに自分の生に膨らみを与えるのは、とても素敵なことだ。

†リンゴの木を経験する

しかしその一方で、私たちは、空想上ではなくこの世界のなかで何かと出会うこともある。長野県に旅行に行ったとき、私は果樹園で初めてリンゴの木を目にした。冬だったので花も実もついていなかったのだが、雪山を背景にして規則正しく並んだ木々を見て、私は「ああ、これがリンゴの木か」と感慨深く思った。

もちろんそれまでも、フッサールが散々リンゴの木の話をするものだから、私はリンゴの木を思い浮かべるのには慣れっこになっていた。とはいえ私の知識は乏しいので、思い浮かべられたイメージはおぼろげなものだった。それに比べて、実際に見たリンゴの木には、空想のイメージからは得られないような、ありありとした感じがあった。ツチノコや宇宙人を目撃することに比べればささやかな発見かもしれないが、当時の私は、リンゴの木がまさにそこに存在していることを自分の目で確かめたのである。そのように、何かがこの世界に現実に存在していることに気づくはたらきのことを、以下では「経験」と呼ぶことにしよう（『イデーンI』第一節）。

ところでフッサールは「経験」という言葉をさまざまな文脈で用いており、ときには何かが私に現れることを一般に「経験」と言うこともある。そのような広い意味での経験には、先述の空想すらも含まれる（『経験と判断』第六節）。空想の対象は、現実に存在していないとしても、思い浮かべられるという仕方で現れているとは言えるからだ。

しかし本書では、議論の焦点がぼやけるのを防ぐために、「経験」という語を、二つ前の段落で述べたような狭い意味で用いることにしたい。そしてこの狭い意味での経験（何かがこの世界に現実に存在していることに気づくはたらき）は、空想（この世界に現実に存在しているかどうかを問題にせずに、何かを思い浮かべるはたらき）から区別される。

この意味での経験は、先ほど言及した視覚にかぎらず多種多様でありうる。例えばリンゴの木の幹に触れることも、リンゴの木の葉が風にそよぐ音を聞くことも、リンゴの果実のさわやかな香りや甘酸っぱい味を感じることも、そこに現実にリンゴの木が生えていることを私に気づかせる経験の諸相である。

つまり私たちは、感覚器官を通じた知覚によって外界にあるものごと（空、地面、空気、物体、動植物、道具など）の存在に気づくのである。さらに私たちは、みずからの内面を反省することによって心理的なものごと（感情、イメージ、思考、信念、悩みなど）の存在に気づくこともあるだろう。

こうして私たちは、ものごとが現れるときの二つの様式として空想と経験を挙げ、さらに経験の下位区分として、さしあたり知覚と反省があることを確認した。ほかに経験にどんな種類があるかは第三章で述べることにして、以下では空想と経験の違いについて、さらに考えてみよう。

†空想と経験が織りなす生

これまで繰り返し述べてきたように、私にとって何かが現れることとは、私がそれと出会うことでもある。そのうえでさらに指摘しておきたいのは、「出会う」という言い方がよく当てはまるのは、とりわけ経験におけるものごとの現れであるということだ。

空想において何かが現れるのは、私の能動的なはたらきによるところが大きい。空想において何がどんなふうに現れるかは、まさに私次第だからだ。これに対して経験における現れは、私の思いのままに生じるわけではない。

たしかに私は、目を凝らしたり耳を澄ませたりすることによって、自分のほうから経験の成立に能動的に寄与することもできる。しかし、そこで何を見聞きするかは私が自由に選べるものではない。経験においては何かが否応なく降りかかってくるのであって、そのかぎりで私は受動的にそれに巻き込まれるとも言える。

それゆえ経験は、私にとっては完全に能動的とも受動的とも言いがたい、複雑な力関係のなかで生じている。「出会い」という言葉はそのような微妙なニュアンスを表すのに便利なので、これからも必要に応じて使っていきたい。

ひとまずここまでの話を踏まえて、私たちが生きているということを、空想と経験の二側面から説明してみよう。先述のとおり、空想は、その融通無碍《ゆうずうむげ》なはたらきをつうじて、私の生を私の思い通りに膨らませることができる。そのような自由度の高さは、経験には無いものだ。しかしその代わりに、経験は、この世界に現実に存在しているものが何であるかを私に否応なく気づかせる力をもっている。そのような気づきは、ときに私の予想していなかったような仕方で起こることもある。

リンゴの木に花が咲くということを知らなかった人は、桃色を帯びたその白い花を見て、こんなにきれいな花が咲くのかと感銘を受けることがあるかもしれない。つまり経験は、私の生を私の思いもよらない仕方で開くことができるのである。こうして私たちの生は、空想によって膨らみ、経験によって開かれることによって豊かに展開していく。

†経験から出発する

ここまで述べてきたことからもわかるように、空想と経験はどちらも私たちの生を織りなす要素であり、それらのあいだに一概に上下関係があるとは言えない。空想は、経験にはない自由さをもち、経験は、空想にはない現実味を帯びている。どちらも、大いに考察に値するものだろう。このとき、どちらを探究の出発点にするかによって、そこから展開される現象学は違ったものになるかもしれない。

とはいえ本書はフッサールの現象学の解説を主眼としているので、あくまでフッサールが採った道筋をたどっていくことになる。そしてフッサールが自らの現象学の出発点として選んだのは、経験だった（ただし後ほど補章で述べるように、フッサールは空想にも一定の役割を与えている）。

では経験に固有の役割とは何なのか、さらに踏み込んで考えてみよう。経験は、この世界のなかに何が現実に存在するかを明らかにすることによって、世界と私を結びつける。そのような経験の仲介のおかげで、私は世界に関する知識を得ることができる。リンゴの花についての知識を得るためには、自分でそれを経験するか、あるいは他の人の経験を頼りにするかしかない。いずれにせよ、私たちが生きているこの世界について何かを知るためには、経験が必要なのだ。

第一章でも述べたように、哲学とは「知を愛し求める」という活動にほかならない。それゆえ哲学者を自任するフッサールも、やはり知を愛し求める者であった。すると、フッサールが経験を出発点にしたのは、それがまさに知の形成において決定的な役割を果たしているからだったと言えよう。この世界に関する知識がすべて何らかの仕方で経験に基づいているのだとすれば、そうした知識の成立過程を明らかにするためには、経験における現れのメカニズムに着目する必要がある。こうした見通しのもとで、フッサールは、自分の哲学（現象学）を、経験に立脚して展開していったのである。

†スイッチはどこ?

私は世界のなかで生きており、そこに現実に存在するものごとが何であるかは経験によって知られる。したがって経験の記述においては、そこで何が経験されているか（何が現実に存在するものとして受け取られているか）という点がまずもって考慮されねばならない。

しかしそれだけに目を向けるならば、肝心の経験の記述は不十分なものになってしまう。というのも経験の全貌を解明するためには、何が経験されているかだけではなく、それがどのように経験されているかも重要であるはずだからだ。

つまり、経験において私が何に出会っているかだけでなく、そのような出会いを成り立たせる経験の仕組みとは何であるのかが問われねばならないのである。そこで以下では、こうした経験の仕組みを明らかにするためにフッサールが考案した作業工程について、立ち入った説明を行ってみたい。

そもそも、経験の仕組みを明らかにするとはどういうことだろうか。このことを、パソコンの仕組みと対比しながら考えてみよう。

パソコンが問題なく作動しているとき、私の注意は作業内容に向かっており、どのような仕組みでパソコンが作動しているのかを顧みることはない。しかしもしパソコンが故障してしまったら、私はどこに不調が起きているかを調べたり、あるいは専門家に修理を依頼したりするだろう。それと同じように、私の経験がうまく作動しているとき、私の注意は経験されるものごとに向かっており、どのような仕組みで経験が作動しているのかを顧みることはない。

しかしパソコンと同様に、私たちの経験はときに不調をきたすことがある。何を食べても美味しく感じられなくなることがあるかもしれないし、周りのものごとが突如として現実感を失うこともあるかもしれない。そのようなときには、不調の原因がどこにあるかを探るために、経験の仕組みのほうに注意が向かうことになる。

ただしその場合には、当該の不調を改善するための対症療法が中心になるだろう。もちろん喫緊の問題を解決するためにはそれがとても重要なのだが、その際には「そもそも経験というものはいかにして作動しているのか」という一般的な問題は手つかずのままにとどまる。これに対して現象学は、世界と私の関係を根底から説明するために、むしろそのような一般的な問題に取り組もうとするのである。

では、経験の仕組みを根底から明らかにするためには何をすればよいのだろうか。——このあたりから、パソコンと経験のアナロジーが通用しなくなってくる。パソコンの仕組みを根底から明らかにするためには、パソコンの電源をオフにして、カバーを外して内部構造を調べてみるのがよいだろう。さらに言えば、パソコンが不調をきたす前にパソコンの作動を一時停止するのは、パソコンとは別の存在者（使用者や点検業者）だろう。

しかし経験には、そもそも作動状態を全面的にオフにするためのスイッチはついているのだろうか。さらに言えば、仮にそのようなスイッチがあるとしても、そのスイッチを押すことができるのは誰なのだろうか。

こうした問題を解決するために、フッサールは、超越論的還元という手続きを考案する。それはいわば、作動状態の経験を全面的に停止したうえで、その経験の内部構造を調べるための手続きなのである。とはいえ、いきなりその話を始めるのは得策ではないだろう。むしろまずは、停止される前の経験がどのようなものかを確かめておく必要がある。

2　自然的経験

†素朴な経験としての自然的経験

私たちは、目が覚めてから眠りにつくまで、たえずさまざまなことを経験している。経験は、私たちの生のなかに時たま入り込んでくるような特別な出来事ではなく、むしろ睡眠や空想などによって中断しないかぎり進行していくような日常的な出来事であると言ってよい。

私たちはそのような経験の進路を決めるために「身を入れて」生きることもできるが、そのように主体的な姿勢をとらなくても半ば自動的に経験は進行していく。だからこそ私たちは、経験の流れに「身を委ねて」生きることもできるのである。いずれにせよ、私たちはみずからの生を織りなす経験を、ごく当然のこととして素朴に生き抜いている。

ここで「素朴（ナイーブ）」という言葉が意味しているのは、まだ批判的な検討を受けていないということである。知を愛し求めるあまりに何事にも批判的な検討をするのが哲学の基本姿勢なので、哲学の思考は、素朴な生から一旦距離をとることで始まると言えよう。

ただし、素朴であるということは決して悪いことではない。思考によってそこから一時的に離れることができたとしても、最終的に立ち戻るべきはやはりこの素朴な生なのである。

では、素朴な経験において、私たちは何を無批判に受け入れているのだろうか。端的に言えば、それは、世界が存在するということだろう。私たちが経験しようとしまいと、世界やそこに属するさまざまなものは、とにかく存在している。だからこそ私たちは、それらのものについて経験することができるのである。

例えば、窓の向こうにリンゴの木が見えるのは、窓の向こうにリンゴの木があるからである。リンゴの木が見えるという経験が成立する理由は、実際に窓の向こうにリンゴの木があるからであり、要するに「リンゴの木あってこその経験」なのである——口に出すのもはばかられるほどに当たり前なこうした信念に支えられて、私たちは日々の生活を送っている（ただしこの信念には、後ほど疑義が呈されるのだが）。

ひとまずフッサールは、このような信念のもとで営まれる素朴な経験のことを「自然的経験」と呼んでいる。したがって、ここでの「自然的」という言葉は、「素朴な」とほぼ同義であると考えてよい。それゆえ自然的経験は、自然科学のいう意味での「自然」だけに関わるわけではない。例えばリンゴの木という自然物がそれ自体で存在していることを素朴に受け入れることが自然的経験であるのと同じように、机という人工物がそれ自体で存在していることを素朴に受け入れることも自然的経験なのである。

†経験はあとから訂正されうる

この自然的経験にとどまっている状態においても、私たちは、経験とはどういうものかをある程度まで論じることができる。

まず確認しておきたいのは、経験は、絶対に間違えることがありえないような無敵のはたらきではないということだ。たしかに経験は、何がどのように存在しているのかを私たちに否応なく思い知らせ、それによって私たちの知識を基礎づける。しかし、この基礎は、一度与えられたら絶対に揺るがないようなものではない。

実際のところ私たちは、何が経験されているのかを時間をかけて徐々に明確化していくことがあり、その過程のなかでしばしば当初の勘違いに気づくこともある。経験は一瞬で決着がつく出来事ではなく時間的なプロセスであり、しかもそのプロセスのなかでは、「ちょっと間違えてました」や「ぜんぶ間違えてました」といった修正が入る可能性がある。このとき、それまでの経験は勘違いであったことが判明するのである。

そのような勘違いは、日常生活のなかで無数に起こりうる。例えば筆者は、スティック糊と間違えてリップクリームを一生懸命封筒に塗っていたことがある。この目で確かめて糊を手にしたと思っていたのだが、それは筆者の勘違いだったのである（逆にスティック糊を唇に塗らずに済んだのは不幸中の幸いだった）。しかしせっかくなら、筆者の話よりももっと愉快な例を挙げたいので、以下では江戸時代の滑稽本の傑作、十返舎一九《じっぺんしゃいっく》の『東海道中膝栗毛』を取り上げてみよう。

　この本のなかで、伊勢神宮に向けて旅をする弥次郎兵衛《やじろべえ》と喜多八《きたはち》（北八）は、道中でさまざまな勘違いをする。浜松の宿では、喜多さんが幽霊を見たと言い出して弥次さんを震え上がらせるが、後になって軒端に干してある襦袢《じゅばん》を幽霊と見間違えていたことが判明する。これは先行する視覚経験が後続する視覚経験によって訂正される一例である。

十返舎一九『東海道中膝栗毛』より

　また翌朝には、喜多さんが茶店の前にぼた餅を見つけてかぶりつくが、じつはそれが木でできた見本であったことが判明する。この場合は、先行する視覚経験が後続する触覚経験や味覚経験によって訂正されていると言えよう。

†志向性

弥次さんも喜多さんも経験の批判的な検討からは縁遠い人であり、愛すべき素朴さで旅をしている。したがって道中での彼らの経験は自然的経験であると言って差し支えないだろう。しかしこの自然的経験においても、すでに経験の重要な性質を指摘することができる。それは、経験が志向性をもつということだ。

志向性というのは、私が何かを経験したり空想したりするときに、その何かと私のあいだに成り立っている関係性のことである。私の経験や空想は必ず何らかの対象（例えばリンゴの木やぼた餅）についての経験や空想であって、いかなる対象ももたない経験や空想は考えられない。そのようにして私が経験や空想において何かの対象に向かっているとき、経験や空想は、その対象への志向性をもつと言われる。

志向性によって何かに向かうことは、物理的に何かに向かうこととは異なっている。フッサールはこの違いを「意識」の有無として理解した。例えばボールを壁に向けて投げるとき、ボールは、たしかに物理的に壁のほうに向かっている。しかしボールは、おそらく壁についての意識をもってはいないだろう。他方で私たちは、経験において「目の前に壁がある」と意識することもできるし、空想において「もし家を建てるならこんな壁がいいな」と意識することもできる。物理的な壁との距離にかかわらず、志向性はさまざまな仕方で成立しうる。志向性をもつということは、このように、何かについて意識するという仕方でそれに向かうことなのである。

志向性は、経験や空想のほかにも、私の遂行するさまざまなはたらきに帰せられうる。例えば、かつてあったことを思い出すという意味での想起は過去の対象への志向性を有しており、これからありうることを推測するという意味での予期は未来の対象への志向性を有している。また、聞き慣れない言葉を耳にしてそれが何かを——具体的な内容はわからないけれど、とにかく何かを——表現していると思うとき、すでに私の意識には、その不特定の何かへの志向性が生じていると言えよう。

こうした志向性の諸形態については、第三章で経験の分類を示すときに再び触れることになる。さしあたりここで確認しておきたいのは、志向性が私の及ぼすさまざまな心のはたらきに帰せられること、そしてそれが経験にも備わっているということだ。

すると、先ほど例に挙げた喜多さんの経験のプロセスも、志向性に沿って記述できるだろう。夜中の宿屋で震えあがっている喜多さんに何が見えるかと尋ねれば、「白いものが立っていらあ」と答えるだろう。そして翌朝の茶店で立ち止まった喜多さんに何が見えるかと尋ねれば、「うまそうなぼた餅がある」と答えるだろう。つまりこれらの状況において、喜多さんの視覚経験は、白く浮かび上がった幽霊や美味しそうなぼた餅への志向性を有しているのである。そのような志向性が成立することによって、喜多さんに対して幽霊やぼた餅が現れ、喜多さんはそれらについての意識をもつ。

ところで喜多さんの経験の進行において、幽霊やぼた餅だと思われていたものは、やがて襦袢として、あるいはぼた餅の看板（木製の食品サンプル）として捉えなおされる。ただし喜多さん自身も気づいているように、このとき外界のほうに決定的な変化が生じたわけではない。

幽霊が襦袢に姿を変えたわけではないし、茶店の主人がぼた餅と看板を入れ替えたわけでもない。むしろ変わったのは喜多さんの志向性のほうである。勘違いに気づく以前の喜多さんの経験においては、幽霊やぼた餅への志向性が成立していた。しかし勘違いに気づいたあとには、かつての志向性は撤回され、新たに襦袢や看板についての志向性が成立する。このように志向性は、錯覚（勘違い）や、その錯覚の訂正について説明するときにも有効なのである。

†「現れ」と「現れるもの」

このように、志向性とは、私と現れるもののあいだに成立している関係性である。ここで何気なく「現れるもの」という言葉を用いたのだが、今後の議論のために、さらに言葉づかいを明確にしておく必要がある。注意すべきは、「現れ」と「現れるもの」は区別できるということだ。

この区別について、引き続き喜多さんの経験を例に挙げつつ説明していこう。幽霊とぼた餅を一緒に論じるのは少々大変なので、以下ではぼた餅のほうに焦点を当てることにする。

喜多さんが見たと思っていたぼた餅は、あとから看板であったことが判明するのだが、少なくとも最初はぼた餅が喜多さんの目の前に現れていた。ここで一時的に喜多さんにぼた餅の存在を信じさせるに至ったものこそが、ぼた餅の「現れ」である。それはおそらく、黒くて丸いかたちに見えるような視覚的な現れだろう（なお本章の冒頭で述べたように、「現れ」は視覚的なものに限らず、聴覚的なものや触覚的なものでもありうる）。

そのような現れは、「現れるもの」から区別されねばならない。なぜなら、現れの数がどれほど多くても、それらを通じて現れるものは一つでありうるからだ。

茶店の座席に置いてあるものをいろいろな角度から眺め回せば、それに応じてぼた餅はさまざまな仕方で現れる。しかし残念ながら、現れをいくら増やしていっても、現れるもの（ぼた餅）の数を増やすことができるわけではない。

また目下の例においては、同じ現れが、錯覚が訂正されたあとには別のものの現れとして捉えなおされている。視覚的にはぼた餅の現れにしか見えなかったものは、かぶりついてみたら硬い感じがするという経験や、舌でなめてみても味がしないという経験を通じて、あとからぼた餅の食品サンプルの現れとして捉えなおされる。

したがって目下の場合においては、視覚的な現れ（黒さ、丸さ）や、触覚的な現れ（硬さ）や、味覚的な現れ（味気なさ）が組み合わさり、それらを通じてぼた餅の食品サンプルが現れるに至るのである。

志向性は一つの「現れるもの」に向かっているが、そのような関係性は、無限に多くの「現れ」を通じて成立している。だからこそ、現れの捉え方が変わったり新たな現れが追加されたりすれば、それに応じて、現れるものは（したがってまた志向性も）変化しうる。ひとまずこの枠組みが確認できたので、さらに話を先に進めてみたい。

†世界あってこその経験……なのか？

ところで本節の冒頭で述べたように、リンゴの木を素朴に経験している人は、そもそもリンゴの木があるからこそそれについての経験が可能になっていると考えているだろう。リンゴの木が見えるという経験が成立する理由は、実際に窓の向こうにリンゴの木があるからなのだ——こうした素朴な信念を、本節の冒頭では「リンゴの木あってこその経験」というスローガンで表していた。

同じことは、別の例においても当てはまるだろう。弥次さん喜多さんがドジを踏んだのも立派な経験だが、そのような経験が生じたのは、ひとえに、勘違いを引き起こしたものがそもそも存在していたせいではないか。つまり「糯袢あってこその経験」であり、「ぼた餅の食品サンプルあってこその経験」であるというわけだ。

さらに言えば、リンゴの木や糯袢やぼた餅の食品サンプルがどこにあるかと問われれば、世界にあるのだと答えるのが最も自然だろう。したがって自然的経験において私や弥次さんや喜多さんが暗黙裡に抱いている信念とは、要するに「世界あってこその経験」ということである。

なお、ここで「世界」という言葉は、地球だけでなく宇宙全体をも指すような広い意味で用いている。望遠鏡で夜空を見上げたときに土星が見えるのは、土星が、ひいてはそれが属する宇宙全体が存在しているからではないか。だとすれば、やはり「宇宙あってこその天体観測」ではないだろうか。こうした宇宙（＝世界）の存在を前提することに、いったい何の不都合があるというのか。

しかし、このような世界あってこその経験であるという信念は、少なくとも二つの問題を含んでいる。

†循環の問題

第一に挙げられるのは、循環の問題である。世界を経験の前提にしてしまうと、世界の存在を何によって正当化すればいいのかわからなくなってしまう。この世界に存在するありとあらゆるものは、つきつめれば経験によってその存在が確かめられるはずだからだ。

もちろん経験は万能ではなく、ときに勘違いをすることもある。しかし、幽霊やぼた餅の例から明らかになったように、経験の最中に生じた勘違いを訂正するのも、やはりまた経験であるはずだ。

そうであるとすれば、「世界あってこその経験」という素朴な信念は、経験のあとで確かめられるものを経験の前提にしてしまっているという点で、循環に陥っているように思われる。あとで到達するはずの場所を出発点にするということは、ずっと同じコースをぐるぐると回る（循環する）ことにつながるからだ。電車の環状線は便利だが、ものごとを順序立てて説明したいときには、循環が起こらないに越したことはない。

†像の問題

第二の問題は、像の問題とでも呼ぶべきものである。こちらの問題は、右で述べたような循環の問題を避けるために、「経験のあとで確かめられるものと、経験の前提になっているものは別物である」と主張するときに生じる。

そうした主張に従うならば、経験の後で確かめられるのは私の意識に与えられたかぎりでの対象であり、それはあくまで私の意識の内側に存在していると考えられる。他方で経験の前提になっているのは、私の内面に当該の対象を形成するように私を刺激してくる何ものかであり、それはあくまで私の意識の外側に存在していると考えられる。

しかし、だとすれば内側に与えられた対象は、外側に想定された実物の像（イメージ）のようなものでしかなくなってしまう。もちろん、写実画を描いたり模型を作ったりするときにはそれを像として別のものを表現することがありうるが、そのような像と実物の二項図式を経験全般に当てはめようとすると、とたんに違和感が生じてしまう。例えば、幽霊だと思われていた襦袢は、喜多さんの意識の内側にではなく、むしろ軒端に存在しているのではないか。また、喜多さんがかぶりついたのは心のなかのイメージではなく、端的に存在する木細工そのものではないか。

このように、私たちの経験している対象が単なる像（イメージ）でしかないという考え方には奇妙なところがある。「世界あってこその経験である」という素朴な信念を押し通そうとした結果として、日常的な実感からかけ離れた理論（経験に関する像の理論）が出てきてしまうというのは、何とも皮肉なことである。

†自然的経験からしばらく距離をとる

あらかじめ述べておくと、フッサールは、この素朴な信念を取り下げることによって、経験に関して「像（イメージ）」を持ち出さずに済むような理論を作ろうとする。するとその結果として、かえって日常的な実感を裏づけるような議論ができることになる。

フッサールに限った話ではないが、哲学は日常的な実感を無視するわけではない。むしろそれを解明するためにこそ、素朴な物の見方から一時的に――永続的にではなく、あくまで一時的に――距離をとるという発想が出てくるのである。

少々先走ってしまった。ひとまず話を戻して、現時点でわかったことをまとめておこう。ここで私たちが確認したのは、「世界あってこその経験である」という素朴な信念が、第一に循環の問題を、第二に像の問題を引き起こしてしまうということであった。だとすれば次に行うべきは、この一見したところ自明な信念を見直すことだろう。

もちろん、そんな見直しはしなくても経験は進行していくのだから、ひたむきにその進行を続けていくことも一つの賢明なやり方である。間違えてぼた餅の食品サンプルにかぶりついてしまったあとでは、その経験の仕組みを捉えなおすよりも、むしろ気を取りなおして本物のぼた餅を買い求めるほうが自然かもしれない（実際、喜多さんはそうしている）。

しかし、ここでいったん立ち止まり、自然的経験から距離をとり、反省によってその仕組みを明らかにしたいと思う人もいる。言うまでもなく、フッサールはその種の人間の一人だった。本書はフッサールの後をついていくことにしているので、ここで私たちもフッサールと一緒に立ちどまって考えてみよう。

ただし「自然的経験から距離をとる」というのは、口で言うのは簡単だが実行するのはなかなか難しそうだ。第1節で述べたように、経験は私が完全にコントロールできるものではない。物理的に身体の動きを止めたとしても知覚を通じてさまざまな経験は生じる。そうした経験の奔流《ほんりゅう》をシャットダウンするためには眠りにつけばよいのかもしれないが、残念ながら眠ってしまったら哲学はできない。では、起きたままで自然的経験から距離をとるためには、私たちは何を止めればよいのだろうか。

3　超越論的還元

†経験は止められないけれど

前節の末尾で述べたように、私たちがいま直面している課題は、目を覚ましたままで自然的経験からしばらく距離をとることである。しかし覚醒しているかぎりは、何らかの経験が生じることは避けがたい。明かりも音もない無重力状態の部屋に身を浮かべることは、たしかにできるかもしれない。しかしその際にも、やはり私は、暗さや静けさや浮遊感を経験してしまうのではないだろうか。

だとすれば、経験そのものを停止することは現実的な方策ではないだろう。そこでフッサールは、経験そのものではなく、経験にもとづいて下される判断のほうを停止すればよいのだと考えた。

例えば、部屋のカーテンを開けたらリンゴの木が見えて、風に揺れて葉のそよぐ音が聞こえてくるとしよう。このとき私は、こうした経験にもとづいて、「庭にリンゴの木がある」という判断を下すことができる。自然的経験は、ほとんど私に考える暇《いとま》を与えないほどスムーズに、そのような判断に繋がっている。

とはいえ私たちは、経験の成立や不成立に関しては意のままにできないとしても、判断を下すかどうかについてはイニシアチブを握っているのではないか。つまり私たちは、リンゴの木の立ち姿や葉ずれの音を経験したうえで、それでもなおリンゴの木が存在するという判断を下すのを差し控えることができるのではないか。あるいは「もう判断を下してしまったのですが……」という人は、いったん下してしまったその判断を取り下げてその効力を中止することができるのではないか（以下では、こうした判断の差し控えあるいは中止のことを、判断の「停止」と呼ぶ）。

†エポケー（判断停止）

注意すべきは、ここでいう判断の停止は、判断の否定ではないということだ。例えば「庭にリンゴの木がある」という判断を否定するということは、「庭にリンゴの木はない」という別種の判断を下すことでもある。しかし、あらゆる経験的な証拠がリンゴの木の存在を支持しているにもかかわらず「庭にリンゴの木がある」という判断を否定して別の判断を下すのは、一見すると不合理であるように思われる。

それにもかかわらず判断を否定する理由を強引に考え出そうとした哲学者としては、一七世紀に活躍したフランスの哲学者ルネ・デカルト（一五九六〜一六五〇）の名前を挙げることができる。

デカルトは、一見したところ自明と思われるような判断をも否定するために、「錯覚かもしれない」「夢を見ているかもしれない」「悪い神に騙されているかもしれない」というかたちで疑いをエスカレートさせていった。そのようにエスカレートした疑いをくぐり抜けるものがあるとすれば、それこそが絶対に疑いえない真理である——そのように考えたデカルトは、一時的に、できるかぎり多くの判断を否定しようとしたのだった。

しかしフッサールは、こうしたデカルトの議論の進め方を大いに参考にしつつも、判断の否定までは求めずに、あくまで判断を停止するだけにとどめようとする。自然的経験から距離をとるという企図を達成するためには、それだけで十分だからである。判断の否定まで突き進むことは、距離をとって眺めるべき自然的経験そのものを覆してしまうという意味で、フッサールにとっては悪手なのである。

ただし自然的経験から距離をとることは、個別的にではなく全面的に行われねばならない。私たちの思考を束縛しているのは「世界あってこその経験」という信念なのだから、そこから身を引き離すためには、リンゴの木だけでなく、世界に属するありとあらゆるものについての判断を停止する必要があるだろう。

というわけで、ひとまずはフッサールの提案する手続きに沿って進んでいこう。目下のところフッサールが遂行しているのは、自然的経験において与えられるものが存在しているという判断を全面的に停止するという操作である。この操作は、「現象学的エポケー」、あるいは単に「エポケー」と呼ばれる（エポケーとは、ギリシア語で「判断停止」を意味する）。これによって達成されるのは、自然的経験における「世界あってこその経験」というスローガンに含意されている、「経験に依存せずに、世界はそれ自体で存在している」という判断の停止である。

なお、こうした判断を暗黙裡に受け入れているときの私たちの態度は、まさに自然的経験をしているときの態度であるという意味で、「自然的態度」と呼ばれる。したがってエポケー（判断停止）とは、自然的態度をとることを一時的にやめるための操作であるとも言える。経験を停止することはできないが判断を停止することはでき、それによって私たちは自然的態度を一時的にやめることができるのである。

したがって、このときに依然として進行している経験は、もはや厳密に言えば自然的経験ではない。自然的経験でないとすればそれはいったい何なのかという疑問に対しては、端的に言えば「超越論的経験である」という答えが用意されている。もちろんこれだけでは意味不明にちがいないので、その内実については次節で論じていきたい。

†日常に帰るまでが現象学

ひとまずここで念押ししておきたいのは、エポケーがあくまで判断の「停止」であって「否定」ではないということだ。これはつまり、一時停止したものを後から再起動できるということを意味する。普段の生活において、私たちは、リンゴの木や美しい青空があるという判断、そして私を和ませたり悩ませたりする他者がいるという判断などを素朴に下している。これらの判断を停止するという操作は、永続的ではなくあくまで一次的なものである。

現象学は、これらの判断を支えている経験の仕組みを探究する。そうした探究を経て経験の仕組みが解明されるならば、私たちはこれらの判断を復活させて、リンゴの木や青空があり、他者もいる日常に戻ることができるだろう。

エポケー（判断停止）という操作によって、フッサールの現象学は、しばらくのあいだ素朴なものの見方から距離をとることになる。しかしだからといって、フッサールの現象学が現実離れした不可解な思想だというわけではない。むしろそれは、遠回りを経て、ふたたび日常生活に帰ることを目指しているのである。「家に帰るまでが遠足」であるのと同じように、いわば、「日常に帰るまでが現象学」なのである。

このスローガンは筆者が勝手に考えたものなので、フッサールからは「ふざけるな」と怒られるかもしれない。しかしフッサール自身が現象学の活動を「探検」に喩えていたことを踏まえれば、その終着点についで考えることには重要な意義があるはずだ。現象学が長い探検を経て日常に帰ってくるというのは、どのようなことなのか——この問題については、本書の「おわりに」で、あらためて考えてみたい。

†括弧入れと遮断

ちなみにフッサールは、エポケーという操作を説明する際に、「括弧《かっこ》入れ」や「遮断」という言葉を用いることがある。エポケーの基本的な手順はすでに述べたとおりだが、さらに具体的なイメージをもってもらうために、これらの言葉づかいについても言及しておきたい。

「括弧入れ」という言葉は、判断の否定と停止の違いを際立たせるために用いられる。判断を否定するということは、当該の判断において存在していると見なされている対象に取り消し線を引くことや、跡形もなくそれを消し去ることとしてイメージできる。しかし判断の停止においては、そこまでする必要はない。「検討中!」と書いたラベルを貼ってもよいのだが、それも煩雑なので、括弧に入れておこうというわけである。つまり、対象が消されたわけではなく残っているのだということを示すために、括弧入れという比喩が用いられるのである。文章のなかで括弧に入れられた文が少し浮いて見えるように、一時停止された判断は、いわば宙ぶらりんの状態になっている。

ただし括弧には色々な用法があるので、判断停止を表す比喩としてはしっくりこないところもある。そこでさらに、「遮断」という比喩にも頼ってみよう。フッサールはしばしばAusschaltungという言葉を用いており、これが日本語ではしばしば「遮断」と訳される。この訳語は決して間違ってはいないのだが、少々語弊があるかもしれない。というのも、「遮断」と言うと、対象を考察の範囲から締め出しているような印象を与えかねないからだ。しかし、そのような締め出しが行われているわけではないことは、括弧入れという比喩に即して見てきたとおりである。

ここでAusschaltungという語によってフッサールが言わんとしているのは、あたかも電流を遮断して回路を止めるかのように、世界全般についての判断の効力を遮断して自然的態度の回路を止めるということである。このとき電源スイッチに相当するものが私たちの心のなかに取り付けられているわけではないが、エポケーが、実質的にはスイッチを切るという操作に該当している。

スイッチをオフにして回路の機能を止めたあとにも、回路そのものは残り続ける。この一時停止した回路こそが、フッサールが解明しようとしている経験の仕組みなのである。

†世界を意識の内側に引き戻す

しかし、こうした比喩に頼った説明だけでは、まだ納得がいかないかもしれない。そもそも判断を停止したあとにも対象が残るというのは、どういうことなのか。そのような宙ぶらりんの対象は、世界のなかでないとすれば、いったいどこに残るというのか。

こうした疑問には、前節で言及した「志向性」という概念を用いて答えることができる。そこでも述べたように、志向性をもつということは、何かについて意識するという仕方でそれに向かうことである。そして経験は、まさにこの志向性をもつとされていた。

ところでエポケーとは、世界が経験に依存せずに存在するという判断を停止することであった。もし世界が経験に依存していないのだとすれば、世界は経験から離れたところに、つまり経験を超越したところに存在しているのだと考えられる。

そのように世界が経験を超越した「外」にあり、経験を含む意識の「内」にはないというイメージは、自然的態度においては馴染み深いものだろう。しかしフッサールは、エポケーを行うことによって、このような内／外という二分法を克服しようとする。経験に依存していないところ（経験を超越したところ＝経験の外）に何かがあるという判断を停止したとしても、その判断を支えている経験は依然として存続している。そしてその経験が必ず志向性をもっているのだとすれば、志向性が向かう対象は、やはりどこかに存在していると考えざるをえない。

このようにフッサールの現象学においては、志向性という概念は、エポケーという操作と組み合わさることで真価を発揮する。経験が一般に志向性をもつというのはもちろん重要な事実ではあるが、それをただ指摘するだけでは議論を掘り下げることはできない。エポケーを施したあとの経験すらも志向性をもつという点を指摘することによって、その志向性が向かう対象の問題をめぐって、新たな議論の局面を開くことができるのである（なお「志向性が向かう対象」という言い方はやや冗長なので、以下ではこれを「志向的対象」と呼ぶ）。

では経験の志向的対象は、経験を超越したところではないとすれば、いったいどこに存在するというのか。この問題に対しては、今や「経験の内側に存在するのだ」と答えるしかない。ただし、ここではすでに外側の存在が保留されているのだから、目下問題になっている内側というのは、もはや内／外という二分法が意味をなさないような内側である。外側にとっての相対的な内側ではないという意味では、絶対的な内側と言ってもよいだろう。

こうして、自然的態度においては経験の外側にあると思われていた世界は、経験の絶対的な内側へと引き戻される。そのような引き戻しの操作は、判断停止の操作であるエポケーを踏まえて、さらに志向性という概念を手引きとして行われる。したがってこの操作は、エポケーと密接に結びついているけれどもそれとは別の操作であるがゆえに、別個の名前で呼ばれるべきだろう。

そこでフッサールは、この引き戻しの操作を「還元」と名づけた。ちなみに「還元」と訳されているのはReduktionというドイツ語であり、これは「引き戻すこと」を意味するreduzierenという動詞を名詞のかたちにしたものである。英語で言えば、これらはreductionとreduceに相当する。

ところでフッサールは、ここで話題になっている操作にかぎらず、さまざまな種類の「還元」について語っている。そこでフッサールは、世界を経験の内側に引き戻すという目下の操作を、特に「超越論的還元」と呼ぶこともある。

「超越論的」という形容詞は、哲学を学ばないかぎりは、おそらく一生出会うことのない単語だろう。あまりにもいかめしい字面であるがゆえに、脳が理解を拒否してフリーズしてしまいそうになる。実際のところ、はじめて「超越論的還元」という言葉を目にしたとき、筆者は何が何だか全くわからず、「とにかく超すごい還元なのだな」という印象を抱くことしかできなかった。

だが本書では、そうではないのだということを当時の筆者に、そして読者の皆さんに伝えたい。超越論的還元というのは、超すごい還元という意味ではないのである。本書がこれから示していきたいのは、超越論的還元というのは超人にしかできないような神業ではなく、むしろ一定の手続きを踏めば誰にでも実行できる操作であるということだ。

では「超越論的」などという仰々しい単語など使わなければいいではないかと言われるかもしれないが、フッサールの現象学を適切に紹介するためには、この単語を使わないわけにはいかない。以下ではこうした事情を説明するために、フッサールの問題意識を、哲学史的な背景のなかで捉えなおしてみたい。

4 「超越論的」であるとはどういうことか

†経験の可能性の条件

フッサールがエポケーと還元という操作を通じて解明しようとしているものを、これまで本書は「経験の仕組み」と表現してきた。これは、哲学史上でしばしば「経験の可能性の条件」と呼ばれてきたものに相当する。そして、この経験の可能性の条件をテーマにした著作としては、まずもってドイツの哲学者イマヌエル・カント（一七二四～一八〇四）の『純粋理性批判』（第一版一七八一年／第二版一七八七年）を挙げることができる。フッサールはこうした歴史的背景を踏まえたうえで、みずからの現象学を、カントの哲学と同様の課題に取り組むものとして位置づけている。

ところでカントは、『純粋理性批判』において、経験の可能性の条件について問う哲学を「超越論的」と形容することを提案している。フッサールも基本的にはこの言葉づかいを引き継いでおり、『イデーンⅠ』において、みずからの現象学を「超越論的現象学」として打ち出している。つまり彼らの哲学は、どちらも経験の可能性の条件（＝経験の仕組み）に関わるという意味で超越論的なのである。

ただしカントとフッサールは、こうした超越論的な問題意識を共有しているものの、それに取り組むための議論の進め方には大きな違いがある。それゆえフッサールの超越論的現象学の特徴を際立たせるためには、彼らの主張を比較検討してみるのがよいだろう。そこで以下では、「超越論的」という訳語が考案された背景を踏まえつつ、カントとフッサールの用語法について説明していきたい。どうしても堅苦しい話になってしまうが、歴史的背景を知ることでかえって理解が容易になることもあると思うので、しばらくお付き合い願いたい。

†「超越的」と「超越論的」

「超越論的」と訳される単語は、もともとのドイツ語では transzendental という形容詞である。よく似たかたちの言葉として transzendent という形容詞もあり、こちらは一般的に「超越的」と訳される。かたちは似ているものの、哲学においてこれらの単語は慎重に使い分けられている。

ところで transzendental という語は、経験に先行するという意味で「先験的」と訳されることもある。現代でも、特にカントの哲学を説明する際には、「先験的」という訳語が当てられることがある。しかしこの訳語に対する問題提起はすでに昭和初期から行われており、よりふさわしい訳語として考案されたのが「超越論的」という言葉だったのである。その考案者は、いわゆる京都学派の一員として大正から昭和にかけて活躍した哲学者、九鬼周造（一八八八〜一九四一）である。

九鬼自身の発言によれば、彼が「超越論的」という訳語を最初に提案したのは、『哲学雑誌』一九二九（昭和四）年五月号の論文「時間の問題」の註においてであった。さらにこの訳語に関する詳しい説明は、彼が一九三五年から四一年にかけて行った西洋近世哲学史の講義録のうちに見いだすことができる。

同講義での九鬼の説明によれば、transzendentalを「先験的」と訳すことの問題は、そのように訳してしまうと「超越的（transzendent）」との関係が見えなくなってしまうという点にある。

transzendentを超越的と訳す以上はtranszendentalは超越性を認識の問題とする意味で超越論的と訳すことが適切であろう。transzendentもtranszendentalも共に語源としてはラテン語のtranscendere（超越する）をもっている。transzendentalを先験的と訳す場合には、この語源との関係を全然無視してしまっている。（『九鬼周造全集』第七巻）

さらに九鬼は、こうした一般的な語源の問題だけでなく、カントやフッサールらの哲学の内実においても、transzendentとtranszendentalのあいだに深いつながりがあることを指摘している。そこで次に、九鬼の説明を参考にしつつ、これらの用語についてのカントとフッサールの言葉づかいを概観してみよう。

†カントの言葉づかい

カントは、私たちの経験に与えられるかぎりでの対象、すなわち経験の対象のことを

「現象」と呼ぶ。そのうえでカントは、「現象」はあくまで私たちにとって存在するものであって、私たちの経験の埒外《らちがい》にそれ自体で存在する「物自体」ではないと主張する。このように現象と物自体のあいだには線引きがなされるべきなのだが、私たちの思考や推論のはたらきをつかさどる理性は、ついつい経験の範囲を超え出て、物自体についてあれこれと議論を組み立てようとしてしまう。カントは、そのように理性が経験の範囲を超えて物自体に向かうことを「超越的（transzendent）」という形容詞で表している。

例えば、カントによれば、「魂は不死であるか否か」「宇宙には限界があるか否か」「神は存在するか否か」などの問題について議論を組み立てることは、理性を「超越的」に使用しているとして批判されることになる。このとき理性は、経験の範囲を超え出て空理空論を振りかざし、いわば空回りをしているというわけである。

理性が空回りをせずにきちんと自分の役割を果たすことができるのは、理性的な思考や推論が、経験とぴったり嚙み合っているとき――つまり、理性が人間にとって可能な経験の範囲内にとどまっているとき――である。そこでカントは、経験の仕組み（経験の可能性の条件）を明らかにすることによって、そこで理性が果たすべき役割を確定しようとした。するとカントにとっては、個々の経験を超えて、それを可能にしている仕組み（経験の可能性の条件）を論じることが課題となる。そのような課題を引き受ける哲学のことを、カントは、「超越論的（transzendental）」と形容している。

ここで「transzendental」を「超越論的」と訳したところに、九鬼の工夫を見てとることができる。経験を超えたところにそれを可能にしている条件があるという主張を裏づけるためには、それなりの論証が必要である。つまりtranszendentalな哲学は、みずからが提示する諸条件が経験を超越しているとはどういうことか、そしてそれらがいかにして経験を可能にしているのかを丁寧に論じていかねばならないのである。transzendentalな哲学は、経験を超越したところにある経験の可能性の条件について論じる哲学であるからこそ、「超越論的哲学」と呼ぶべきだというわけである。

実際にカントは、『純粋理性批判』という著作のなかで超越論的哲学を展開している。そこにおいて経験の可能性の条件は、個々の経験の内容を捨象したあとに残る形式であるとされる。

例えば、経験において与えられるものは、どんな内容であるにせよ空間と時間という形式に沿って与えられる。また私たちは、経験される出来事がどんな内容であるにせよ、それには必ず原因があるはずだと考える。つまり経験されるあらゆる出来事は、因果関係という形式のなかに組み込まれるのである。

このようにしてカントは、経験を可能にするさまざまな形式があることを論じてゆくのだが、その詳細に立ち入ることは控えておこう。ここで押さえておきたいのは、カントにおいて「超越的／超越論的」という形容詞は、何らかの意味で経験を超える動向を表していること、そしてこの超越の動きが物自体に向かうときには「超越的」、経験の仕組み（経験の可能性の条件）に向かうときには「超越論的」と呼ばれるということである。

†フッサールの言葉づかい

フッサールも、基本的にはカントの言葉づかいを踏襲している。すなわちフッサールにおいても「超越的／超越論的」という語は、やはり何らかの意味で経験を超える動向を表すために用いられるのである。

ただしカントとフッサールのあいだには重大な違いもある。先述のとおり、フッサールによれば、自然的態度において経験の外側にあると思われていた世界は、エポケーと還元を経て経験の絶対的な内側へと引き戻される。したがってフッサールにおいては、自然的態度における経験（自然的経験）と、エポケーと還元を経たあとの経験が区別されるのである。このように経験に関する二通りの見方が区別されることに伴って、「超越的／超越論的」という語は新たな含蓄をもつことになる。

まずフッサールによれば、「超越的」という語は、世界が自然的経験を超えているということを表している。自然的経験において経験されている個々のものごと、ひいては世界全体は、経験に依存せずに経験の外側にあると思い込まれている。そのように自然的態度において想定される経験の外側が、「超越的」と形容されるのである。

しかし先述のように、フッサールは、そのように世界が自然的経験にとって超越的であるという信念を説明するために、いったん世界の存在についての判断を停止して、世界を経験の内側へと引き戻そうとする。ただし強調すべきは、そのような判断停止（エポケー）と引き戻し（還元）が、自然的経験を否定するための操作ではなく、むしろ自然的経験の仕組みを解明するための操作であるということだ。

フッサールはカントと同様に、経験の仕組み（経験の可能性の条件）を論じる自らの哲学のことを「超越論的」と形容する。ただしその際に解明されるべき経験の仕組みとは、より正確に言えば、自然的経験の仕組みである。つまりフッサールによれば、「超越論的」という語は、自然的経験を超えて、それを可能にしている仕組み（自然的経験の可能性の条件）を論じるということを表しているのである。

†カントの超越論的哲学からフッサールの超越論的現象学へ

カントとフッサールの哲学は、経験の可能性の条件を扱うという一般的方針を共有しているという意味では、どちらも超越論的哲学に分類される。ただし「はじめに」でも述べたように、フッサールは自らの哲学のことを現象学と称している。したがって以下では、特にフッサールの超越論的哲学のことを「超越論的現象学」と呼ぶことにする（この呼称は、フッサール自身が公刊著作で自らの哲学を特徴づけるために何度も用いたものでもあった）。そのうえで以下では、カントの創始した超越論的哲学と、その発想を受け継ぐかたちでフッサールが提示した超越論的現象学の違いを際立たせてみたい。

カントにとっては、超越論的哲学が経験を超えるということは、個々の経験を超えてそれを可能にする条件に向かうということ、つまり個々の経験の内容を捨象してそれらに一般に当てはまる形式を論じるということであった。したがってカントの超越論的哲学は、あらゆる経験を超えて、経験に先立つもの——ただし時間的な意味で先立つのではなく、経験を条件づけるという意味で先立つもの——を論じることになる。それゆえカントにおいては、transzendentalという語を、経験に先立つものを扱うという意味で「先験的」と訳すことも間違いではない。

しかしフッサールの超越論的現象学においては、あらゆる経験を超えることではなく、あくまで自然的経験を超えて別の仕方で経験を捉えなおすことだけが問題になっている。だとすれば、このとき「超える」ということは、カントのように個々の経験の内容を捨象することではないはずだ。内容を失ってしまえば、もはや経験はもとのままの経験ではなくなってしまうのだから。

むしろフッサールにとって、自然的経験を超えるということは、自然的経験のなかで生きているときの態度（自然的態度）を一時停止して、べつの態度へと移行することであった。そのような態度のことを、フッサールは「超越論的態度」と呼び、この超越論的態度へと移行するために世界を経験の内側へと引き戻す（還元する）操作のことを、「超越論的還元」と呼んでいる。したがって今まで、エポケーと並べるかたちで単に「還元」と呼んできたものは、より正確に言えば、「超越論的還元」であったのである。

超越論的という仰々しい言葉が頻出するために難しそうな話に見えてしまうかもしれないが、実際にフッサールがここで提案しているのは、とてもシンプルなことだ。要するに彼は、同じ経験を、二つの別々の態度のもとで捉えることを提案しているのである。経験は、日常的な態度（自然的態度）のもとでは自然的経験として捉えられている。しかし、その仕組みを解明するための操作（エポケー＋超越論的還元）を経て成立する新たな態度（超越論的態度）のもとでは、同じ経験が、それまでとは違った仕方で捉えられることになる。このようにしてフッサールは、カントとは異なり、経験の内部に徹底的にとどまりつづけようとする。

このように経験の内部に徹底的にとどまりつづけようとするという点で、フッサールはカントからはっきりと区別される。経験の可能性の条件（経験の仕組み）を解明するためにいったんは経験の内容を度外視するカントに対して、フッサールは、かたときもその内容から目を離すまいとするのである。

そしてフッサールは、超越論的態度のもとで新たに捉えなおされた経験を、「超越論的経験」と呼んでいる。自然的態度のもとで捉えられる経験が自然的経験なのだから、超越論的態度のもとで捉えられる経験は超越論的経験だというわけである。

しかし、もしカントがこのようなアイディアを耳にしたら、きっと彼は仰天して「自分がやりたかったのは、そういうのじゃないんだけどなあ……」と嘆息するだろう。なぜなら先に述べたように、カントによれば、超越論的哲学とは、経験に先立つものの探究であるという意味で、いわば先験的な哲学であったからだ。「超越論的」と「先験的」を重ね合わせるというカントの立場からすれば、「超越論的経験」というフッサールの用語は、矛盾した表現に見えてしまうだろう。

九鬼周造は、この「超越論的経験（transzendentale Erfahrung）」というフッサールの用語の特異性にいちはやく気づいていた。そのため九鬼は、前述の講義録のなかで、当時まだ出版されたばかりのフッサールの『デカルト的省察』（一九三一年）における「超越論的経験」という用例を引用しながら、これを「先験的経験」と訳してしまうと意味がわからなくなってしまうと指摘している。

そういうようにフッサールの用語法では transzendental を先験的と訳しては全く意味をなさない。語源に即して超越論的とさえ訳しておけば差し支えないのである。（『九鬼周造全集』第七巻）

transzendental について「先験的」でなく「超越論的」という訳語が採用された背景には、フッサールの現象学があった。この事実を押さえておくことは、哲学用語の翻訳の歴史を知ることだけでなく、超越論的哲学の系譜のなかでのフッサールの特異な立ち位置を理解することにもつながるだろう。そのうえでさらに次節では、カントから離反したフッサールがどこに向かおうとしていたのかを考えてみたい。フッサールが切り開こうとした「超越論的経験」の領野とは、いったい何だったのだろうか。

5 超越論的経験

†何も引かない、何も足さない

前節までの内容をまとめておこう。

普段の私たちが素朴な態度（自然的態度）をとっているときの経験（自然的経験）においては、経験される個々のものごと、ひいては世界全体は、意識に依存せずに、意識の外側（意識を超越したところ）に存在しているのだと判断されている。

フッサールはこの判断を一概に否定するわけではないが、この判断を含めた自然的経験を稼働させている仕組みを明らかにするために、この判断を一時的に停止（エポケー）するという手続きをとる。するとそれによって、世界は意識の側に引き戻される（還元される）。こうして世界は、意識を超越したところではなく、むしろ意識と不可分な関係のうちに置きなおされる。つまり世界は、意識を超越した世界から、あくまでも意識と関係するかぎりでの世界となるのである。

フッサールのねらいは、自然的態度においては見過ごされているこの意識と世界の関係を露わにすることによって、何が自然的経験を可能にしているのかを解き明かすことにあった。このように、経験の可能性の条件を解明することを試みるという点で、フッサールの現象学はカント以来の超越論的哲学の一形態であり、先述の還元は「超越論的還元」と呼ばれうる。

ただしフッサールによれば、自然的経験の可能性の条件の解明は、経験から離れることによってではなく、経験を自然的態度とは別の態度のもとで捉えなおすことで達成される。こうした見通しのもとで、エポケーと超越論的還元によって成立するこの新たな態度が「超越論的態度」、それのもとで捉えなおされる経験は「超越論的経験」と名づけられたのだった。

ここからわかるように、超越論的還元は、世界を切り離すための操作ではなく、むしろ世界を、経験されているとおりのありさまで意識の側に引き戻すための操作である。また、それを通じて露わになる意識と世界の結びつきは、還元のあとで付け加えられた虚構ではなく、自然的経験のなかにすでに含まれていた関係である。

還元は、自然的経験において素通りされていたものを露呈することはできるが、経験のうちに元々含まれていなかったものを勝手に混入させることはできない。つまり超越論的還元は、それによって捉えなおされる経験に関して、何も引かないし何も足さないのである。

†リンゴの木と私のあいだに

ここでふたたび、フッサールが『イデーンI』で好んで用いたリンゴの木の例に沿って話を進めていこう。

散歩の途中にリンゴの木を見かけた私が、ふとこの経験の仕組みを解き明かしたいと思って超越論的還元を遂行するとしよう。散歩中にそんな気分にはなれないかもしれないが、仮にそうなったとしておく。

このときリンゴの木は、それを経験している私の意識の側に引き戻される。そして『東海道中膝栗毛』のぼた餅の例からも明らかになったように、私が何かを経験するということは、その何かが「現れるもの」として、諸々の現れを介して、私に対して現れてくるということであった。すると、還元を経て捉えなおされた経験（超越論的経験）のなかには、さしあたり次の三項が含まれていると言えそうだ。

リンゴの木／リンゴの木の現れ／私

しかし、これではまだ説明不足である。三つの項を挙げるだけでは、私がリンゴの木を経験する（リンゴの木が私に対して現れる）という出来事がいかにして可能になっているのかは不明なままだからだ。それを明らかにするための鍵となるのは、リンゴの木と私を結びつける、「リンゴの木の現れ」という中間項だろう。この中間項は、いったいどのようにして登場するのだろうか。

以前に述べたように、空想と経験の違いは、空想の場合には私が対象を好きなように思い浮かべることができるのに対し、経験の場合には対象が私に対して否応なく現れてくるという点にある。つまり経験において、経験の内容は私によって勝手に作られるのではなく、むしろ私に対して与えられるのである。それは、目に映る緑色や茶色の感覚であったり、手で触れたときのごつごつした感覚であったり、葉が風に揺れたときに聞こえてくるさらさらという音の感覚であったりする。

このように与えられる感覚のことを、以下では感覚与件と呼ぶことにしたい。「与件」というのは英語で言えば「データ」のことなので、ここで感覚与件として考えられているのは、いわば私の能動的な関与によって加工される前の生《なま》のデータのようなものだ（正確に言えば、感覚与件は単に与えられただけのものである以上、それを「ごつごつ」や「さらさら」というかたちで言語化することすら不適切かもしれない。しかし、言葉の手前にあるものを書き表すことはできないので、ここでは便宜的にこれらの表現を用いる）。

すると、この感覚与件こそが、先ほど言及した中間項（〇〇の現れ）であると言いたくなるかもしれない。しかしフッサールによれば、感覚与件と現れのあいだには密接なつながりがあるものの、それらは同一ではない。なぜなら、たとえ感覚与件が同じであったとしても、それがさまざまな現れとして機能しうるからだ。

例えば、深夜に私の目に映るヒラヒラしたものは、私が冷静であるときには洗濯物として把握される。この場合、ヒラヒラしたものという感覚与件は、洗濯物の現れとして機能する。しかし私が寝る前に聞いた怪談のせいで恐怖感を抱いているときには、同じ与件が幽霊として把握されることがあるかもしれない。この場合、それは幽霊の現れとして機能しているのだと言える。

つまり感覚与件は、私によって○○として把握されることによって、初めて○○の現れとして機能しうるのである。こうした把握のはたらきは、感覚与件に意味を付与するはたらきであるがゆえに、意味付与作用と呼ばれることもある。

ただしここでいう「意味」は、必ずしも言語化されているとはかぎらない。ここでは、少なくとも言語化することが可能であるような一定の内容を備えたものが、幅広く「意味」と呼ばれている（この「意味」については、第四章でふたたび取り上げる）。

したがって、先ほど挙げた三項に新たに二つの項を補うことによって、超越論的経験のなかに含まれているものを以下のように展開することができる。

リンゴの木／リンゴの木の現れ／感覚与件／把握（意味付与作用）／私

リンゴの木についての経験は、基本的に、これらの五項によって説明される。つまり私が感覚与件を「リンゴの木」として把握する（「リンゴの木」という意味を与える）ことによって、感覚与件がリンゴの木の現れという機能を果たすようになり、その現れを通じて私はリンゴの木という対象を経験するというわけである。

これら五項は、リンゴの木についての経験をしているという状態を出発点として、それを説明するために設定されたものである。したがって、普段の経験においてこれら五項が満遍なく意識されていることは、おそらくないだろう。むしろ普段の経験において、私の意識はまっすぐにリンゴの木に向かっている。

そのときに私が意識していることを言語化するならば、それは「あそこにリンゴの木がある」といった文として表されるだろう。そこでは、「私」ということすらもいちいち意識されてはいない。自分が行っていることに反省の目を向けることによって、はじめて、「私はあそこにあるリンゴの木を見ている」といったかたちで、私（第一項）とリンゴの木（第二項）の二項関係が顕在化する。

さらに反省を続けることによってこれら二項のあいだにリンゴの木の現れ（第三項）が

挿入され、そしてリンゴの木の現れが成立する仕組みを説明するために感覚与件（第四項）と意味付与作用（第五項）が想定される。

とはいえ、現れを説明するために感覚与件と意味付与作用という道具立てを用いることが適切かどうかは議論の余地がある。そしてこの問題は、現象学者が勝手に頭のなかで考えるだけでなく、心理学などの成果を活用しながら考えるべき問題だろう。

実際のところフッサールは、超越論的現象学における意識の研究と、心理学における意識の研究のあいだには並行関係があると考えていた。両者のあいだには、超越論的還元を行っているか否かという点ではもちろん違いがあるのだが、両者が同じ意識を（特に意識の一形態としての経験を）別々の態度のもとで捉えているのだとすれば、心理学の成果を超越論的現象学において活用することもできる。

その成果によって感覚与件と意味付与作用という枠組みそのものが覆される可能性はもちろんあるのだが、ひとまず以下では、『イデーンⅠ』で設定された五項関係に即して話を進めていこう。

†現れを素通りするということ

ところで、仮にこれら五項からなる枠組みを受け入れるとしても、感覚与件をリンゴの木として把握する（感覚与件にリンゴの木という意味を与える）という言い方に違和感をもつ人もいるかもしれない。正確には「リンゴの木」ではなく「リンゴの木の現れ」として把握する（意味付与する）と言うべきではないか——まさにそのとおりである。それにもかかわらず、あえて「リンゴの木」として把握するという言い方がなされるのは、少し前に触れたように、普段の経験において、意識は端的にリンゴの木に向かっているからである。

散歩の途中でふと立ち止まった私に対して「何が見えますか」という質問が投げかけられたとしよう。これに対して「リンゴの木の現れが見えます」と答えることは、正確ではあるけれどもどこか不自然である。だからこそ私は、相手と現象学談議がしたいときでもないかぎりは、端的に「リンゴの木が見えます」と答えるだろう。普段の経験（自然的経験）においても、リンゴの木への志向はリンゴの木の現れを介して可能になっているはずなのだが、この現れは素通りされているのである。

こうした素通りは、単に私の不注意によるものではなく、むしろ経験が自然に進行していくために重要な役割を果たしている。もし刻一刻と移ろいゆく現れのそれぞれを相互に区別するならば、経験の経過のなかで同一のものに意識を集中することは難しくなる。現れのそれぞれがことさらに目立つことなく、同じリンゴの木の現れとして機能することによって、リンゴの木についての通時的な経験が成立するのである。

日常生活をスムーズにこなしていくためには、現れは素通りされたほうがよい。しかし現象学は、このスムーズな進行を止めることと引きかえに、現れに反省の目を向けてその潜《ひそ》かなはたらきを解明しようとするのである。

†現象学は何を記述するのか

ただし付け加えておくと、現れに注意を向けてそれを表現するという活動は、決して現象学の専売特許ではない。むしろ特定の現れを細やかに描き出すことにかけては、現象学は芸術作品に遠く及ばないだろう。

むしろ現象学の本領は、現れが経験において果たす役割を、経験の一般的な枠組みのなかで説明することにある。たしかに現象学も、日常的な経験の細部に目を向ける。しかし現象学がそれを通じて記述しようとしているのは、すべての個別的な経験に共通する、一般的な経験の枠組みなのである。

自然的態度において素朴に生き抜かれている自然的経験は、対象／対象の現れ／感覚与件／把握（意味付与作用）／私という五項関係によって可能になっている。自然的経験の可能性の条件は、経験を超えたところではなく、まさにその経験のなかに隠れている。本章で説明してきた超越論的経験とは、自然的経験のなかに潜むこの構造が顕在化するように捉えなおされた経験のことなのである。

そのような超越論的経験の領野は、本節で挙げた五項関係だけで十分に開発し尽くされたわけではない。むしろ、この一般的な枠組みに沿って、さらにそれらのあいだに隠れている要素が掘り起こされねばならないだろう。

そのためには、これまで一口に「経験」と呼んできたものを適切に分類し、それぞれの種類の経験の仕組みを、具体例にもとづいてさらに記述していかなければならない。次章以降で行うのは、まさにそのような分類と記述である。

現時点では記述はまだ始まったばかりであって、経験が多様であるのに応じて、そこでなすべき作業も無限にあると言えるだろう。そのような意味において、フッサールが還元をつうじて露呈させたのは、「超越論的経験の無限の領野」(『デカルト的省察』第一三節)だったのである。

†経験の仕組みの問題

フッサールの現象学の出発点は、経験(何かが現実に存在していることに気づくはたらき)である。そしてフッサールは、この経験の仕組みを明らかにするために、エポケーと超越論的還元という方法を考案した。

エポケーとは、日常的に私がとっている自然的態度に通底している判断、つまり世界が私たちの経験と無関係にそれ自体で存在するという判断を停止することであり、超越論的還元とは、世界を私の経験の側に引き戻すことである。

このとき世界は、私の経験における「現れ」を通じて「現れるもの」として、それ自体が私たちの経験のなかに位置づけられる。そのように現れを通じて何かが現れるというメカニズムは普段の経験では隠れているため、フッサールは、それを露わにするためにエポケーと超越論的還元という操作が必要だと考えたのである。

現象学を始めるにあたって最初にフッサールが取り組んだのは、本章で説明してきたように、経験の仕組みの問題だった。説明の便宜のために、この問題を以下のように提示しておこう。

【経験の仕組みの問題】
普段の経験においては隠れている経験の仕組みを露わにするための方法を考案せよ。

フッサールによるこの問題への解答は「エポケーと超越論的還元こそがそのための方法である」というものであった。しかし私たちは、この問題をフッサールと共有するとしても、解答まで共有する必要はない。つまり私たちは、フッサールに対して、「ほんとうにそこまでする必要はあったのか」とさらに問うことができるのである。世界を私の経験の側に引き戻すという大がかりな工程を経なくても経験の仕組みを解明することができるのだとすれば、それに越したことはない。

筆者の見るかぎり、経験の仕組みの問題は、現象学を進めるうえで避けて通れないものである。他方でこの問題に対する解答は、現象学者のあいだでさまざまでありうる。

例えばハイデガーは、『存在と時間』という著作のなかで、経験の主体である私のことを「現存在」と呼び、その仕組みのことを「存在体制」と呼んだ。すると現存在の存在体制を解明しようとするハイデガーは、やはりここで定式化したような意味での「経験の仕組みの問題」に取り組んでいると言えよう。ただしハイデガーは、その際にエポケーの話も超越論的還元の話もせずに、フッサールとは全く別の仕方でこの問題に解答することになる。

またメルロ＝ポンティは、『知覚の現象学』という著作の序文において、フッサールの還元の理論に一定の評価を与えつつも、「完全な還元は不可能である」という有名な言葉を残している。したがってメルロ＝ポンティもまた、フッサールとは別の仕方で「経験の仕組みの問題」に解答していると言えよう。彼によれば、経験の仕組みの解明は、経験の主体である私の「身体」に注目することで初めて達成されるものであった。

もちろんエポケーと超越論的還元の意義を理解することは重要であり、本章もそのための解説を行ってきたつもりである。しかし同時に、それらの方法を用いる「超越論的現象学」が現象学における唯一の立場ではないことも心に留めておいてほしい。後代の現象学者たちに継承されたのは、フッサールの特定の主張というより、むしろ彼が設定した問題のほうである。

現象学運動が今日に至るまで一定のまとまりをなしているのは、そこに参加している人びとが基本的な問いを共有しているからである。そしてこの運動が多様な展開を遂げることができたのは、その問いへの解答が共有されていないからである。創始者であるフッサールにとっては不本意なことかもしれないが、ほとんど誰もフッサールの言うことを聞かなかったからこそ、現象学の可能性はいっそう広がったのである。

コラム1

蜜柑と紅葉

第二章で述べたように、日常的な経験のなかでは、往々にして現れの区別が取りこぼされ、現れるもののほうに注意が向かっている。とはいえ私たちは、ときに特定の現れを志向的対象にして、その細部を拾い上げようとすることもある。

例えば、「今日のリンゴの木はひときわ美しいな」と思うときには、私の志向的対象は、昨日と今日を通じて同一であり続けるリンゴの木というよりも、むしろ今日の——より限定的に言えば、今この一瞬の——リンゴの木の現れである。そのような現れそのものを表現するために、私たちはしばしば絵画や写真、そして詩歌や小説を用いる。

例えば芥川龍之介の『蜜柑』においては、少女が汽車の窓から蜜柑を投げ落とす様子が、語り手である「私」の視点から次のように描き出されている。

暮色を帯びた町はずれの踏切りと、小鳥のように声を挙げた三人の子どもたちと、そうしてその上に乱落する鮮な蜜柑の色と——すべては汽車の窓の外に、瞬く暇もなく通り過ぎた。が、私の心の上には、切ない程はっきりと、この光景が焼きつけられた。

ここで語り手の注意は、さまざまな現れを通じて同一のままでありつづける蜜柑というよりも、むしろ「切ない程はっきりと」心に焼きつけられた蜜柑の一瞬の現れに、ほかでもないこの瞬間の蜜柑の色の鮮やかさに向かっている。

せっかくなので、もうひとつ例を挙げてみよう。越後の国（いまの新潟県）に良寛（一七五八〜一八三一）という僧侶がいた。良寛は、国上山《くがみやま》の五合庵で清貧の生活を送り、詩歌や書、そして子どもたちとの遊びを愛したことで知られている。晩年の良寛と親しんだ尼僧、貞心《ていしん》の伝えるところによれば、日に日に弱っていく良寛の姿を目にして悲しく思った彼女は、こんな歌を詠んだという（『はちすの露』）。

生き死にの境はなれて住む身にもさらぬ別れのあるぞ悲しき

仏門に入って生死に執着せずに暮らしていても、避けられない別れがあることは悲しいものだ。そのように嘆じる貞心に向けて、良寛は次のような言葉をかけたという。

うらを見せおもてを見せて散るもみぢ

ここにはきっと、貞心にさまざまな相貌を見せてこの世を去っていく自分の姿が重ねられているのだろう。そしてそのことが「散るもみぢ」に即して表現されていることは印象的である。紅葉《もみじ》の葉はさまざまな現れを通じて現れるものだが、良寛のまなざしは、それが「うらを見せおもてを見せて」散っていく様子、その現れのひとつひとつを丁寧に追っている。

いくら現れるものが同一でありつづけると言っても、この世界に存在するかぎり、いつかは消えていく。そのことを強く意識するとき、現れのひとつひとつをいとおしむことができるのかもしれない。

第三章　経験の分類

1　経験の領野へ

†経験の領野の歩き方

前章で述べたように、フッサールの超越論的現象学とは、普段私たちが素朴に生き抜いている経験（自然的経験）の仕組みを明らかにするために、その経験を捉えなおすという活動であった。このとき捉えなおされた経験が「超越論的経験」と呼ばれるという点も、すでに見たとおりである。

そこで本章では、いよいよ、フッサールが開いてくれた超越論的経験の領野に足を踏み入れてみよう。とはいえ、物理的に足を動かすわけではないので、本書を座って読んでいる方は座ったままで構わない。寝そべって読んでいる方は、ぜひそのままの姿勢でいてほしい。

ここで「足を踏み入れる」という比喩的な言い方をしてみたのは、第一章でも見たように、フッサール自身が現象学者の活動を探検になぞらえていたからだ。前章の末尾で紹介した「超越論的経験の無限の領野」という語句からも、これから始まる冒険の壮大さが感じられるではないか。

ただし、こうした胸おどる表現に対しては注意が必要である。超越論的経験は、私たちの日常生活から遊離したところにあるのではなく、むしろ日常的な経験を別の視点から捉えなおしたものにほかならない。ということは、現象学的な探検を始めたとしても、別世界への扉が見つかるわけではないのだ。むしろ現象学は、リンゴの木を眺めたり、散歩をしたり、音楽を聴いたりするような日々の生活の外側へと一歩も出ることはないのだった。

したがって、超越論的経験の領野を歩くというのは、もちろん物理的に身体を動かすということではない。むしろここで問題になっているのは自然的経験の仕組みを明らかにすることなのだから、領野となるのは、捉えなおされた自然的経験――つまり、リンゴの木などの対象が現れる仕組みを顕在化するかたちで捉えなおされた経験――の全体である。そしてそのなかを歩くというのは、この経験のなかに潜んでいたものを一つずつ丹念に確かめていくということである。

†体験、意識、作用

私たちは第二章において、経験を、何かがこの世界に現実に存在していることに気づくはたらきとして説明した（本書四一ページ）。ここではさらに、そのような特徴をもつ経験が私の生のなかにどのように位置づけられるのかを考えてみよう。

フッサールによれば、私たちの生は、たえず移り変わる「体験（Erlebnis）」の流れである。

例えば、目覚まし時計の音で突然目が覚めることも、寝ぼけまなこで洗面所に行くまでの朦朧《もうろう》とした状態も体験である。そして「夕方から雨模様です」という天気予報を聞いて、まだ降っていない雨に思いを馳せることも体験である。また、目が覚める前に夢のなかでお寿司をたらふく食べて感動したことも体験であり、さらには夢すら見ていない深い眠りの状態も、私の人生のなかで起こった出来事である以上は体験であるとされる。

このように広い意味で「体験」という言葉を用いることには違和感もあるかもしれないが、ひとまずはフッサールの言葉づかいとして受け入れてほしい。

そのうえで確認しておきたいのは、体験のなかには、志向性をもつものと、もたないものがあるということだ。第二章で見たように、志向性というのは、大まかに言えば、何らかの対象に向かうという性質のことであった。

上で挙げた例のうちでは、夕方に降るであろう雨についての予期や、夢のなかでのお寿司についての感動は、明らかに雨やお寿司へと向かっている。他方で、深く眠りこんだ状態においては、私の体験はいかなる志向性ももっていなかっただろう。また、目覚めたばかりの状態も、志向性をもっているとは言いがたい。たしかにそこでは何らかの感覚が与えられてはいるのだが、それが「アラームの音」として把握されていないときには、体験はどんな対象にも向かわない。そんなとき私は、びっくりした状態で、ただ与えられる感覚を受け止めるしかないのである。

そこでフッサールは、体験のなかでも、特に志向性をもつものを「志向的体験」と呼び、さらにそれを「意識（Bewußtsein）」と言い換えてもいる（『イデーンI』第三六節）。すべての体験が志向性をもつわけではないが、私たちの心のなかでは時おり志向性をもった体験が生じ、それこそが意識だというわけである。ただし付言しておくと、眠い目をこすりながら洗面所に向かっているときのように、志向性が成立しているかどうか曖昧な状態もある。志向性の有無は、きれいな二択で分けられるような区別ではなく、むしろグラデーションをなしているというのが実情だろう。

そしてさらにフッサールは、意識のなかに、顕在的に何かに向かうものと、そうでないものを区別する。

例えば天気予報を見ているときには、洗面所から聞こえてくる洗濯機の音には特に注意が向かっていないかもしれない。その際には、私の意識は顕在的にはテレビから発せられる映像や音声に向かっており、洗濯機の音についての意識は潜在的な状態（注意を向けようと思えば向けられる状態）にとどまっている。

このように私たちの意識は、中心をなす対象に顕在的に向かう部分に加えて、潜在的に背景に向かう部分を伴っている。もちろんこうした中心と背景の区別は、そのつど変化しうる。例えば、洗濯が終わったことを示す「ピー」という音が聞こえてきたら、私の意識の中心は洗濯機になり、テレビは背景に退くだろう。

そこでフッサールは、顕在的に対象に向かう意識のことを、とくに「作用《アクト》（Akt）」と呼ぶことを提案している。対象に顕在的（アクチュアル）に向かっているから、「アクト」であるというわけである（『イデーンⅠ』第八四節）。

ひとまず、ここまでの話をまとめておこう。私の人生のなかで起きるすべての出来事は「体験」であり、さらにその体験のなかでも志向性をもった体験（志向的体験）が「意識」である。そして意識のなかでも、顕在的に遂行されるものは、「作用」と呼ばれる。つま

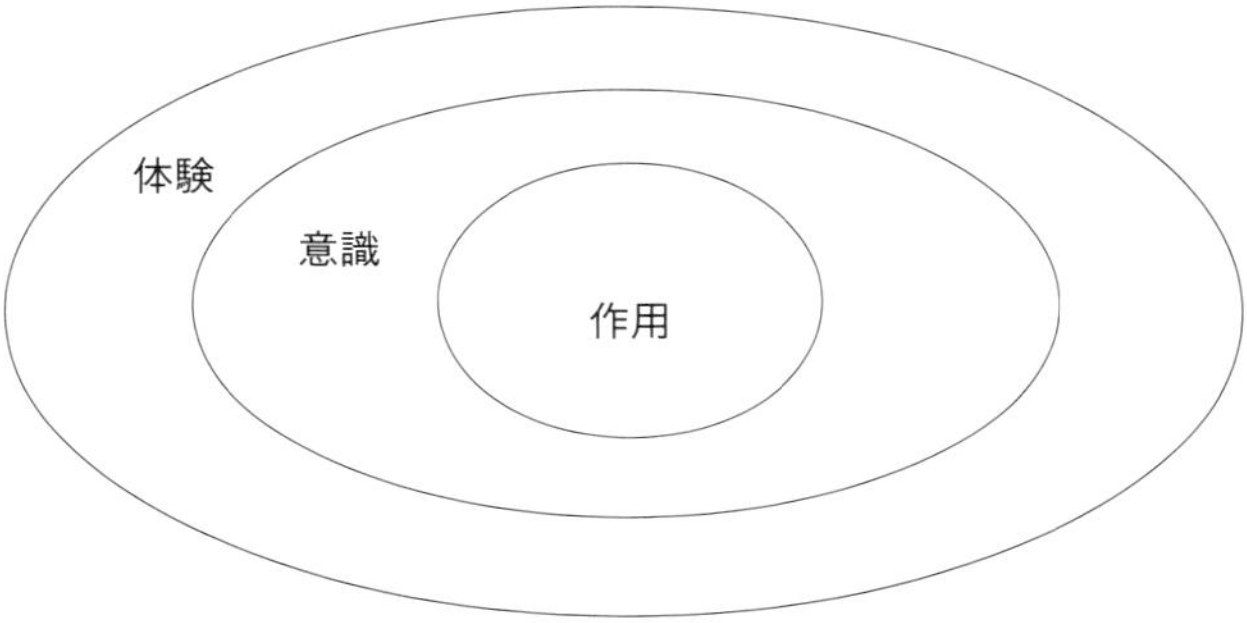

り、体験と意識と作用は、図のような包含関係にある。

†空虚な作用

さらにフッサールは、作用のなかには、充実しているか否かという区別があると主張する。これが何を意味するのか、具体例を用いながら考えてみよう。

子どもの頃、読んでいた本のなかに、「ザワークラウト」という名前の料理が出てきたことがある。今となってはドイツ料理の酢漬けキャベツであることがわかるのだが、当時の私は何も見当がつかず、ただ登場人物がソーセージの付け合わせにザワークラウトを美味しそうに食べる様子を読み、未知の料理に思いを馳せたのだった。

ザワークラウトに熱心に思いを馳せる少年の意識は、顕在的にザワークラウトに向かっており、したがって「作用」と呼ばれるに値するだろう。しかしこのとき、ザワークラウトは、「よくわからないけどとにかく何かの料理」

として意識されているにすぎず、いかなる具体的なイメージにも結びついていない。そのようにザワークラウトを志向する作用は、そこにおいて当該の対象がいかなる姿でも与えられていないという意味で「空虚」であると言われる。これに対して、対象そのものが――単に言葉のうえだけでなく、その対象に固有の姿で――与えられるとき、空虚な作用は「充実」する。

ただし作用の充実には、さまざまな程度の違いがある。例えば少年時代の筆者は、物語を読み進めるうちに、ザワークラウトがどんな料理かを予期することができるようになった。それによって、物語を読み始めた頃の空虚な作用はある程度まで充実したが、自分の予期が現実のザワークラウトと一致しているかどうかは定かではなかった。

現実のザワークラウトがどんなものか――どんな見た目で、どんな香りがして、どんな味がするのか――を知るためには、ドイツ料理店でそれを注文して、目や鼻や舌でそれを知覚するのが一番だろう。知覚におけるザワークラウトの与えられ方は、予期におけるザワークラウトの与えられ方よりも、もっとありありとしているにちがいない。だとすれば、予期よりも知覚のほうが、作用を充実させる力が大きいと考えられる。

†直観

そして、こうした作用の充実を説明するために持ち出されるのが「直観」という用語である。フッサールは、空虚な作用を充実させることのできる作用を、一般に「直観（Anschauung）」と呼ぶ（『論理学研究』第六研究第一〇節）。空虚な作用と直観が重なり合うことで、充実が生じるのである。

フッサールの言う意味での直観を遂行することは、決して難しいことでも珍しいことでもない。「直観」という語は何やら厳《おごそ》かで神秘的な雰囲気をまとっているが、ここではそのような含意はない。日々の生活のなかでものごとが具体的なかたちをとって現れるとき、すでに直観がなされているのである。

ただし先ほど述べたとおり、充実にはさまざまな程度がある。するとそれに応じて、直観にもさまざまな種類があると考えられる。私たちの作用が完全に空虚であることは滅多になく、例えば現実にありそうもないことを空想するときにも、私たちは対象の姿をおぼろげに思い浮かべている。そのような空想は——充実の程度はあまり大きくないとしても——ある程度の充実をもたらすという意味では、直観に分類される。

知覚もまた直観に分類されるが、知覚によってもたらされる充実は、他の種類の充実にはない特徴をもつ。それはすなわち、知覚による充実が私の知識を増やしてくれるという点だ。

ザワークラウトがどんな食感なのかは、食べてみなければわからない。それと同様に、例えば浴室のシャンプーの残りがまだあるかどうかは、容器を持ち上げたり内部を見たりしなければわからない。この世界のものごとが本当のところどうなっているのかを確かめたいときに決定的な拠り所となるのは、空想ではなく、やはり知覚なのである。

†対象を根源的に与える直観

こうして直観のなかには、知識の獲得につながるものとそうでないものがあることがわかった。前者の例としては知覚が挙げられたが、対象の種類に応じて、ほかにも諸種の作用がそのように知識の基礎づけに役立つと考えられる。

そのような見通しのもとでフッサールはさらに探究を進めていくのだが、このとき、知識の獲得につながる直観は「根源的に与える直観」と呼ばれる。あらゆる直観は、対象を特定の姿で現れさせるという意味で、対象を与える（したがって予期や想起や空想も、それなりの仕方で対象を与える）。そのなかでも特に、知識の獲得につながるほどに対象を根源的に与える直観があると言うのである。

フッサールによれば、そのように対象を根源的に与える直観は、決して私の手の届かないところにあるわけではない。例えば、これまで語ってきたようなリンゴの木を見たり触ったりするという作用は、まさにリンゴの木を根源的に与える直観であると言える。そしてあらかじめ見通しを述べておくと、現象学の主な探究の領野となる「経験」は、この「根源的に与える直観」と大きく重なっている。ただし後述するように、両者の範囲は完全に重なり合うわけではない。そのような経験の微妙な位置づけを理解するためにも、まずは「根源的に与える直観」という語が何を意味するのかを確かめておきたい。

まず指摘しておくべきは、ここで「根源的」と訳されているドイツ語の単語が、「オリギネール（originär）」という形容詞であるということだ。「オリギネール」は、現象学においてはしばしば「本源的」と訳されることもあるが、本書では日本語としての通りのよさを考慮して、「根源的」と訳すことにする。そしてそのように訳すことは、決して理由のないことではない。というのもこの単語は、英語の「オリジン（origin）」と同様、ものごとの「源、起源、根源」を表すラテン語「オリーゴー（origo）」に由来するからだ。

探検家が河の水源地を求めて奥地へと分け入っていくように、フッサールは、私たちの知識の起源を突き止めようとする。そしてフッサールによれば、知識の起源とは、当該の知識の対象が根源的に——つまり、それ以上さかのぼることができない仕方で——与えられる場面であった。たしかに私たちは、そのような場面に至らずとも、人から聞いた知識で満足することもある。しかしどんな知識についても、もとをたどれば、その対象が根源的に与えられる場面があると考えられる。

そしてそのような場面において、対象を根源的に与えるのは「直観」であるとされる。とはいえ、こうした言い回しに違和感をおぼえる人もいるかもしれない。直観は作用の一種であり、そして作用(アクト)には、その作用を遂行する主体(アクター)としての「私」が深く結びついているはずである。すると作用は、一見すると、遂行するのもしないのも私次第であるように思われる。だとすれば、対象を根源的に与えるのは直観(作用)というよりも、むしろそれを遂行する「私」ではないか。

たしかに、私が私自身に対象を与えていると言ってもよい場面はある。第二章でも述べたように、私は対象を自由に空想することができる。このとき対象を私に与えているのは、空想作用を遂行している私自身であると言ってよさそうだ。しかしそれは、フッサールによれば、対象を根源的に与える直観ではない。

つまり、私が好きなように対象を空想するだけでは、その対象が現実に存在すると言い張ることはできないのである。空想したものがすべて現実になるなら、お金でもお菓子でも、欲しいものは好きなだけ手に入る。しかし残念ながら、実情はそうなっていない。もちろん現象学とて、この実情を無視するわけではないのだ。

したがって、対象を「根源的に与える」のは「直観」であるというフッサールの一見奇妙な言葉づかいは、ひとまず、対象が現実に存在するか否かを決める際に私がイニシアチブを握っていない――つまり、私が根源にはなりえない――ことを強調するための表現として理解することができる。

†すべての原理のなかの原理

こうした見解をまとめるかたちで、フッサールは『イデーンⅠ』の第二四節において、次のような「すべての原理のなかの原理」（あらゆる原理のなかでも、特に原理と呼ぶに相応しいもの）を掲げている。

根源的に与える直観は、どれもみな認識の正当性の源泉である。

これまで述べてきたように、空虚な作用を充実することができる作用（直観）のなかでも、その作用の対象が現実に存在すると否応なく私に思わせる作用が、根源的に与える直観である。右の引用文で「すべての原理のなかの原理」として述べられているのは、そのような「根源的に与える直観」が、「認識の正当性の源泉である」ということだ。認識とは、何かを知る作用（あるいはその対象となっている知識）のことであり、このとき知られていることは、通常は文のかたちで表される。例えば、「いま家の外では雨が降っている」「2かける2は4である」「あの人はくじ引きで景品が当たって喜んでいる」という文などを考えてみればよい。そのような事柄についての認識を正当化するというのは、言いかえれば、その認識が正しいということにしっかりとした根拠を与えるということだ。先述の「すべての原理のなかの原理」によれば、その根拠は、つきつめれば根源的に与える直観なのである。

さらにフッサールは、この原理を次のように言いかえている。

「直観」において根源的に（いわばありありとした現実性において）私たちにみずからを呈示してくるすべてのものは、あくまで直観においてそれがみずからを与えてくるときの制限内であるとしても、とにかくそれがみずからを与えてくるとおりに受け取られねばならない。（『イデーンI』第二四節）

この文の趣旨は、たしかに言い換え前の「すべての原理のなかの原理」と変わりがない。

しかし、言葉づかいに関しては違いがある。

特筆すべきは、目下の文章において、対象が「みずからを与えてくる（呈示してくる）」という表現が多用されていることである（やや違和感のある言い方かもしれないが、ここで「みずから」と言われているのは、経験の主体である私のことではなく、経験の対象それ自身のことである点に注意されたい）。一見すると、この表現は、先の定式における「根源的に与える直観」という表現と食い違っているように思われる。対象を根源的に与えることができるのは、直観という種類の作用なのか、それとも対象それ自身なのか。

しかし、この二つの選択肢は、どちらか一方を選ばねばならないような排他的な関係にはない。なぜなら第二章でも述べたように、超越論的還元のあとには、経験（さらに言えば、経験を含めたすべての根源的に与える直観）から離れたところに、対象がそれ自体で存在するという想定は一時停止されているからだ。

根源的に与える直観から切り離して対象について語ることはできないのであって、対象は作用の側に引き戻されている（還元されている）。したがって、対象を根源的に与えるものとして直観という作用を挙げるか対象自身を挙げるかの違いは、説明の際の力点の置き方の違いでしかない。

根源的に与える直観こそが私に対象について語る権利を与えてくれるという点を強調す

るならば、この直観が私に対象を与えると言うことができる。だがその一方で、根源的に与える作用から離れて対象が独立に存在するわけではないという点を強調するならば、対象がみずからを与えると言うことができる。私にとって根源的に与えられているものは、対象の代理物ではなく、対象そのものなのである。

†「対象そのものが与えられる」ということ

ここで「対象そのものが根源的に与えられる」という言い方に違和感のある人は、「根源的」という言葉が、そもそも「起源」に関わるという意味をもっていたことを思い出してほしい（本書一一〇ページ）。起源というのは、それ以上さかのぼることができない場所のことであった。それゆえ何かが「根源的に」与えられるというのは、それ以上さかのぼることができない仕方で与えられるということなのであった。

もし経験の主体である私を外から観察するような視点（いわば神の視点）をとることができたならば、私が「対象そのものが与えられている！」と思っているときに、まったく的外れのものを受け取っているような状況を目の当たりにできるかもしれない。しかし実際には、経験の最中に、私は自分の経験を外から眺めることができるわけではない。だとすれば、経験を裏づけるものも、経験を覆すものも、私の経験のなかで与えられるしかないのである。

そして経験の主体である私自身からすれば、「対象そのものが与えられている！」という確信を支えてくれる証拠は、対象の与えられ方が、それ以上にさかのぼることができないほどにありありとしていること以外には考えられない。つまり対象そのものが与えられていること（対象の与えられ方の直接性）は、その与えられ方が私にとって根源的であること（私にとっての根源性）として理解しないかぎり、私の経験の範囲内に落とし込むことはできないのである。

「今ここにあるものは代理物にすぎず、本物は別のところにある」という発言は、その本物が与えられる可能性がある場合にのみ意味をもつ（例えば、ぼた餅の食品サンプルとは区別される、本物のぼた餅を手にすることができる場合など）。しかし目下問題になっているのは、これ以上さかのぼることができない仕方で対象が現れている場面である。

だとすれば、そこで現れているものの外側に本物の対象、つまり対象そのものがあると言うことはもはやできない。対象の代理物と対象そのものの線引きは、私に与えられうるものの範囲内で行うべきなのである。

たしかに、対象そのものを私に与えられうるものの範囲外に置く——つまり、この世のすべてを虚構であると見なす——という線引きの仕方も、理屈のうえでは不可能ではない。

しかしそうした線の引き方は、見かけのインパクトの強さとは裏腹に、実際にはあまり役に立たない。そのような分類基準は、私に与えられるものをすべて対象の代理物に分類してしまうという意味で、いわば網目の大きすぎるザルのようなものである。何も選り分けることのできないザルは、あってもなくても同じではないか。それゆえフッサールは、あくまで私たちの手の届く範囲内で線引きをして、対象そのものが私たちに与えられることを肯定するのである。

また、対象そのものが与えられるときに、それが余すところなく私に与えられるとはかぎらない。私は、降りそそぐ雨粒のすべてを一粒残らず見ることはできないし、屋根や地面を打つ雨音のすべてを聞き分けることもできない。だとしても、私に対してありありと現れているのは、たとえごく一部であっても雨粒そのものであり、雨音そのものである。

†対象の構成

対象が意識に与えられるという言い回しは、フッサールの著作のなかで頻繁に用いられる。この表現は空虚な作用の充実を語るうえではとても有益なのだが、ときに誤解を招きかねない。なぜなら、対象が私の意識に「与えられる」という言い方は、私の意識とは無関係に対象が存在している（そして場合によってそれが私に与えられる）というイメージを喚起してしまうからだ。しかしフッサールの超越論的現象学は、そのような自然的態度の見方を一時停止して、対象を私の意識の側に引き戻すのだった。このとき対象は、私の意識と不可分であると考えられる。

そのような不可分性を強調するために、しばしばフッサールは「構成」という表現を用いる（『イデーンⅠ』第一三五節）。すなわち対象は、私の意識と無関係に存在しているのではなく、むしろ私の意識において構成されるのである。

したがってフッサールの現象学において対象が私の意識に「与えられる」ということと、対象が私の意識において「構成される」ということは、同じ事柄を表している。私と対象が遮蔽物なしで直接に関わり合っているという点を強調したいときには「与えられる」という表現が有効であり、私と対象が不可分に結びついているという点を強調したいときには「構成される」という表現が有効なのである。

ただし「構成される」という表現も万能ではなく、これはこれで誤解を招きかねない。なぜなら「構成」という語は、往々にして、私が勝手に対象を作り上げるという印象を抱かせてしまうからだ。しかしそのような印象は、少なくともフッサールの現象学においては誤りである。「構成される」が「与えられる」の言いかえとして用いられていることからも明らかなように、対象の構成は私の側からの一方的な創作ではない。

むしろ、特に根源的に与える直観においては、対象が何であるかは否応なく決まっており、私にできることは、せいぜいそれを受け止めて把握することくらいだろう。

そしてそのような根源的に与える直観においてこそ、現実的な対象が構成される。このとき現実的な対象がいかに構成されるかを問うことは、その対象を根源的に与える直観が何であるかを特定することにほかならない。こうしてフッサールにおいては、根源的に与える直観をめぐる考察は、現実的な対象の構成の問題と結びつくのである。

†アルケーは身近なところにある

ここまでの解説を踏まえて、「すべての原理のなかの原理」（本書一一二ページ）の内容を振り返ってみよう。

根源的に与える直観は、どれもみな認識の正当性の源泉である。

泉からこんこんと水が湧き出すように、すべての認識は根源的に与える直観から始まる。それゆえ、みずからの認識を正当化したい（しっかりした根拠や裏づけを与えたい）と思うなら、その始まりに立ち返らねばならない。だとすれば、対象が意識とは無関係にそれ自体で存在しているという自然的態度での主張は、たとえそれがどれほど真実らしく思われたとしても、それだけでは十分に正当化されていない。

のみならず、意識の担い手である私が対象を自分のなかで創造することができるという世界観——私を創造神のような地位に祭り上げるような考え方——も、ここでは退けられていたのだった。先述のとおり、対象を根源的に与えるのが「直観」という種の作用であるということは、イニシアチブを握っているのは私ではないということだからだ。

したがって「すべての原理のなかの原理」によれば、認識の正当性の源泉は、対象が独占できるものではないし、私が独占できるものでもない。むしろ認識の正当性の源泉は、対象が私に対して自らを与え、それを私が受け取る場面、つまり私と対象が出会う場面である。私と対象が出会うその場面こそが、すべての始まりなのである。

こうしたフッサールの見解は、一つの哲学的立場の表明である。第一章で述べたように、哲学とは知を愛し求めるという活動のことであった。そして古代ギリシアにおいて、哲学者たちは、こうした活動を推し進めていくなかで、すべての始まり（アルケー）を探し求めるようになった。タレス、ヘラクレイトス、ピタゴラスらの古代の哲学者たちが「水」や「火」や「数」をアルケーの候補として挙げていたという話を、どこかで聞いたことがある人もいるかもしれない。

それから二千数百年を経て哲学に取り組んだフッサールもまた、古代ギリシアの哲学とは異なる文脈においてであるにせよ、やはりすべての始まり（アルケー）を探している。そしてそうした探究のなかで彼が見出したのが、「根源的に与える直観」だったのである。

ここで彼が直観と呼んでいる作用に、何も神秘的な要素は含まれていない。雨に降られること、算数の問題の答えがわかること、自分の喜びや悲しみの感情に浸ること——そのつどの対象と間近で出会うという出来事の一つ一つが、どれもみな根源的に与える直観であり、私たちの知識の「アルケー」なのである。

例えば、雨が与えられるということは、視覚、聴覚、触覚などの諸感覚を通じて雨がありありと現れるという以外の仕方では考えがたい。雨が降っていることを確かめるために家の外に出て、空を見上げて水滴が降りそそぐさまを眺め、ざあざあという雨音を耳にして、首筋をつたう雨の冷たさを肌身で感じ取る。私と雨の出会いをそれ以上に近いところまでさかのぼることは、きっとできないのだ。

2　さまざまな経験

†根源的な与えられ方は一つではない

ところで、これまでに挙げてきた例からも示唆されているように、対象の根源的な与えられ方は一つではない。対象がそれ自身を与えてくる仕方は、対象の種類に応じてさまざまなのである。

先ほど述べたとおり、雨の根源的な与えられ方とは、それが五感（視覚・聴覚・触覚など）を通じて与えられることだろう。これに対して、例えば雨が降ることによって私の心のなかに生じた「洗濯物が干せなくて残念だ」という気持ちは、目に見えるものではないし、耳で聞こえるものでもないし、手で触れられるものでもない。それにもかかわらず、私は、残念だという気持ちが自分のなかにあることをありありと知ることができる。ということは、自分自身の体験は、リンゴの木や雨とは異なる仕方ではあるにせよ、やはり私に対して根源的に与えられると言えよう。

また私は、リンゴの木に咲いた花を見て、それを単に花として受け取るだけでなく、その花の美しさをありありと捉えることがあるかもしれない。花は美しくあろうとなかろうと五感を通じて受け取られるのだから、花の美しさを受け取るはたらきは、単なる物としての花を受け取るはたらきとは別の仕方で説明されねばならない。したがって、美醜や善悪などの価値もまた何らかの仕方で根源的に与えられると考えられる。

さらにこれらの個別的な対象（時間的な始まりと終わりをもつという意味で個別化されている雨、私自身の気持ち、花の美しさなど）とは別に、普遍的な対象も私に対して根源的に与えられることがありうる。

例えば「三角形」や「平行線」のような幾何学の概念や、それらを用いて証明される定理は、時間的な始まりと終わりをもたないという意味では個別化されていない。ピタゴラスの定理は、たしかにピタゴラスが発見することによって知識として広まったが、その定理の内容は、それが発見された時代や場所に依存せずにいつでもどこでも妥当するという意味で、普遍性をもっているはずである。そのような普遍性をもった概念や定理もまた、認識の対象となりうる以上は、何らかの仕方で根源的に与えられねばならない。

†経験と根源的に与える直観

ここでようやく、経験と根源的に与える直観の関係を説明することができる。

根源的に与える直観は、そこで根源的に与えられる対象の種類に応じて分類することができる。そしてフッサールは、基本的に、個別的な対象を根源的に与える直観のことを、「経験」と呼んでいるのである。これに対して、普遍的な対象を根源的に与える直観は、「本質直観」と呼ばれる。

さらに、経験にはさまざまな種類がある。雨やリンゴの木などは、自然的態度において私の意識を超えたところ（超越したところ）にあると考えられており、かつそれが感覚を介して受け取られる（知覚される）という意味で、「超越的知覚」と呼ばれる（このようにフッサールは、与えられる素材としての感覚と、それを把握することで成立する知覚を区別している）。

フッサールの現象学において「超越的」という語が、「超越論的」という語とは区別されるということは第二章でも触れたとおりであるが、ここであらためて、その違いを確認しておこう。

「超越論的」とは、基本的に、経験の可能性の条件を探究するということである。そしてそのような探究は、特にフッサールの超越論的現象学においては、自然的経験（自然的態度においてなされている経験）の可能性の条件を探るというかたちをとるのだった。これに対して「超越的」とは、今しがた述べたように、自然的態度において意識の外部にあると考えられているということである。

ただし、すべての知覚が超越的対象に向かうとはかぎらない。知覚のなかには、「洗濯物が干せなくて残念だ」という気持ちのように、自分自身の体験を対象にするものもあるからだ。そして自然的態度において、自分自身の体験は、意識の内にあるという意味で「内在的」であると考えられている。したがってそれを対象にする経験は、超越的知覚との対比において、「内在的知覚」と呼ばれる。

念のため付け加えておくと、超越論的還元のあとには、自然的態度における外と内の線引きが失効するので、超越的/内在的という区別が素朴に受け入れられることはなくなる。意識の「外」にあるとされている超越的なものを「内」という内在的なものに引き戻す操作こそが超越論的還元なのだから、意識から離れて独立自存しているか否かによって超越的なものと内在的なものを区別することはもはやできないのだ。だからこそその際には、素朴な状態から一歩身を引いて、この区別が成立するのはなぜかという問いを立てることができるようになるのである。

また先述のように、超越的な物や内在的体験を「本当に(wahr)」「受け取る(nehmen)」はたらきとしての「知覚(Wahrnehmung)」とよく似ているけれどもそれらから区別される経験として、善さ・悪さ・美しさ・醜さなどの価値についての経験が考えられる。

これをフッサールは、「価値(Wert)」を「受け取る(nehmen)」はたらき、すなわち「価《か》値覚《ちかく》（Wertnehmung）」と呼んでいる。「価値覚」という見慣れぬ訳語が当てられる理由は、原語が「知覚（Wahrnehmung）」と似た形をしていることを考慮してのことである。

すると、根源的に与える直観の分類は次のようにまとめられる。

【根源的に与える直観】

・個別的な対象を根源的に与える直観（他者経験を除く経験）
　超越的知覚
　内在的知覚
　価値覚
・普遍的な対象を根源的に与える直観（本質直観）

†他者経験の位置づけ

分類表も手に入れたことだし、あとは各種の経験や本質直観の研究に邁進しよう……と言いたいところだが、実はもう一点だけ指摘すべきことがある。分類表の中に思わせぶりに書きこんだ「他者経験」についてである。

この世界のなかには、私のほかにも、雨音を聞いたり喜んだりする体験の主体、すなわち他者が存在すると考えられる。体験そのものは目に見えたり手で触れたりするわけではないので、超越的知覚の対象となるとは言いがたい。しかし他者の体験は、私の体験とは違って内在的知覚によって私が直接アクセスできるものではない。だとすれば、他者の体験を対象とするような別種の経験を新たに考察すべきだろう。

実際のところフッサールは、すでに『イデーンI』のなかで、他者の体験を対象とする経験としての「感情移入（エンパシー）」に言及している。この経験の内実については第六章で詳しく述べるが、ひとまずここで確認しておきたいのは、その特異な位置づけである。『イデーンI』において、基本的に経験は「根源的に与える直観」のなかに含まれている。ただし他者の体験についての経験、すなわち感情移入だけはそのなかに含まれないとされる。

私たちは、他者の身体的な表出の知覚にもとづいて「他者の外見から他者の体験を見て取る」。このように感情移入によって見て取ることは、たしかに直観的で、〔対象を〕与える作用である。ただしそれは、もはや根源的に与える作用ではないのである。（『イデーンI』第一節。傍点は原文での強調）

他者の身体は、少なくともその物体的な側面に関しては知覚（超越的知覚）の対象になる。しかしこの引用文によれば、そのような物体的側面を介して表出される他者の体験は、私に根源的に与えられることがないとされる。それゆえ、他者の体験についての経験（感情移入）は、根源的に与える直観ではないと明言されるのである。

超越論的現象学の構想を初めて公にした『イデーンI』は、名実ともにフッサールの主著である。その著作の幕開けとなる第一節において、他者の体験についての経験（感情移入）の特異な位置づけがさっそく示されていることは注目に値する。根源的に与える直観の範囲内にあらゆる経験を含めてしまえば話はきれいにまとまるのだが、あえてそれをしなかったところに、フッサールが「経験」概念に込めた含蓄を読み取ることができる。

私は、他者の体験が根源的に与えられていない――例えば他者の喜びや悲しみを、自分の喜びや悲しみと同じくらいありありと感じることはできない――という事実を見据えたうえで、それでもやはり、他者が喜んだり悲しんだりしていることが現実の一部なのだと言わざるをえない。私の日常生活は、誰かが喜んだり悲しんだりしていることへの気づきによって大きく揺り動かされることがある。だとすれば、他者の存在は、このうえないほどに深く私の現実に組み込まれているのではないか。

第二章で見たように、経験とは、大まかに言えばこの世界に何かが現実に存在することへの気づきである。それが根源的に与えられていないものにも及ぶということは、日常的な他者との関わりを考慮すれば、当然のことであるとも言えよう。「根源的に与える直観」というカテゴリーは、そのなかに含まれる経験を分類するためだけでなく、そこからはみだす経験の特異性を解明するためにも役立つのである。

なお後年のフッサールは、感情移入をはじめとした他者の体験についての諸経験を「他者経験（Fremderfahrung）」と総称することになる（詳しくは第六章を参照）。そこで以下ではこの呼び名を採用し、それを、超越的知覚・内在的知覚・価値覚に並ぶ第四の経験として位置づけることにしたい。

†経験の分類の問題

本章では、フッサールの現象学における経験の位置づけを明らかにするために、それが直観の一種であること、そして直観という大枠のなかで「根源的に与える直観」とおおむね重なっていることを確認した。すなわち経験のなかでも、超越的知覚・内在的知覚・価値覚は、個別的な対象（超越的な対象・私の体験・価値）を根源的に与える直観なのである。

ただし根源的に与える直観のなかには、普遍的な対象を根源的に与えるものもあり、こちらは経験から区別されて「本質直観」と呼ばれる。その一方で経験のなかには、根源的に与える直観には含まれないものもあり、こちらは「他者経験」と呼ばれる。

前章で見たように、現象学の主な課題は、経験の仕組みを解明することである。ただし、この課題に取り組むためには、経験一般という漠然としたものを相手にするだけでは不十分である。さらに具体的に経験の仕組みを解明していくためには、経験を適切に区分したうえで、その区分に沿って研究を進めていかねばならない。

そのため現象学は、経験の仕組みの解明を主たる課題としつつも、それと合わせて経験の分類の提示をもう一つの課題としているのである。そこで前章の末尾で挙げた「経験の仕組みの問題」と合わせて、「経験の分類の問題」を次のように設定する。

【経験の仕組みの問題】
普段の経験においては隠れている経験の仕組みを露わにするための方法を考案せよ。

【経験の分類の問題】
対象の種類に応じて経験を分類し、それぞれの経験において対象がどのように与えられるのかを解明せよ。

第二章で見たように、フッサールは、経験の仕組みの問題に対しては「エポケーと超越論的還元」という方法を考案した。そして本章で見たように、経験の分類の問題に対しては「超越的知覚・内在的知覚・価値覚・他者経験」という区分を提示した。とはいえ、分類項目を列挙しただけでは、経験の分類の問題には半分までしか答えられていない。残りの課題――各種の経験において対象がどのように与えられるかを解明すること――については、次章以降でフッサールの見解を確認していくことにしよう。

ただし前章の末尾でも述べたように、フッサールの解答が唯一のものというわけではない。むしろ私たちは、「経験の仕組みの問題」のみならず「経験の分類の問題」に対する彼の解答が適切なものか否かについても、私たち自身の経験を振り返りながら検討していかねばならない。

実際のところ、例えばハイデガーは、フッサールが経験を論じるにあたって学問的対象についての認識を偏重していると考え、むしろ道具や他者との関わりを基礎に置いた別の分類枠組みを提示した。

また区分けされた各項目の内容を、個別に批判していくことも可能である。例えばメルロ＝ポンティは、身体の役割を重視してフッサールの知覚の理論を刷新しようとした。またレヴィナスは、観察される対象ではなく呼びかけの主体としての他者に注目することで、フッサールの他者経験の理論を根底から覆そうとした。

†現象学を定義する

ここまで述べてきたことから明らかなように、現象学者たちは共通の問題意識をもっているが、だからといって結論まで共有しているわけではない。したがって現象学を一般的に特徴づける際には、特定の主張に注目するよりも、すべての現象学者が共通して取り組んでいる問題に注目するほうがよい。

そこで本書は、最も広い意味での現象学を、経験の仕組みの問題と経験の分類の問題に取り組む哲学として定義する。おそらくこのように定義するとかなり多くの活動が現象学に含まれることになるが、筆者はそれでよいと思っている。現象学はフッサールに独占されているわけではなく、むしろ彼の基本的なアイディアに魅力を感じたすべての人に開かれているべきである。

もちろん、そのように間口を広げたからといって、フッサールの現象学の意義が失われるわけではない。経験の仕組みと経験の分類という二つの問題によって特徴づけられるプログラムを作ったこと、そしてそれらの問題への解答例を与えてみせたことは、フッサールの紛れもない功績である。問題があって初めて学問的探究が始動し、解答例があって初めて、それに対する反発として学問的探究が活性化するのだから。

第四章　世界との接触

1　超越的知覚

†超越的であるとは

本章では、前章の終わり（一二六ページ）に提示した分類表のなかで、個別的な対象を根源的に与える役割を果たすかぎりでの経験、すなわち超越的知覚・内在的知覚・価値覚についての探究を進める。これらの経験において、私は、いわば世界に存在するさまざまなものごとと直接に接触するのである。

では、これらの経験はそれぞれ何を対象としているのか、そしてその対象はそれぞれの経験においてどのように与えられるのか――こうした問いに取り組むことを通じて、フッサールの現象学は具体的に展開されていくことになる。

そこでまずは、超越的知覚について考えてみよう。超越的知覚の対象になるのは、超越的対象、すなわち私の意識を超えたところにある対象である。ただし前章でも述べたとおり、「私の意識を超えたところにある」という特徴づけが有効なのは、厳密に言えば自然的態度においてのみである。それに対して超越論的態度においては、意識を超えたところに対象がそれ自体で存在しているという想定は一時停止される。そして、このようにして「超越的」という語の意味を問いなおして論じることができるというのが、超越論的態度の強みの一つであった。

では、対象が超越的であるとはどういうことなのか。それに答えるための手がかりは、第二章で経験の仕組みの大枠を示したときに、実はすでに与えられていた。そこでリンゴの木に即して述べたように、リンゴの木という超越的対象についての経験（超越的知覚）は、感覚与件が与えられ、それがリンゴの木として把握される（リンゴの木という意味を与えられる）ことによって成立する。すなわち、そのような把握によって感覚与件がリンゴの木の現れとして機能し、私はその現れを介して、現れるもの、すなわちリンゴの木を知覚するのである（本書九〇ページ）。

この五項関係（私／感覚与件／把握／現れ／現れるもの）から示唆されているように、超越的対象とは、そのつどの現れを介して現れるものにほかならない。言いかえれば、超越的対象とは、現れを介して初めて私に与えられるものなのである。リンゴの木は、私にとってそのつど特定の側面から与えられるしかない。つまりそれは、全体が一挙に顕在的に与えられることがないので、私の意識からはみ出している部分をいつでも含んでいるのである。そのような意味において、リンゴの木は私の意識にとって超越的なのである。

†現れ、現れるもの、地平

ただし、対象の全体が一挙に根源的に与えられることがなくても、私は超越的知覚において対象をたえず念頭に置いている。つまり、ある感覚与件が何か（例えばリンゴの木）の現れとして機能しているときには、必ずその何か（例えばリンゴの木）が、さまざまな現れを介して現れるものとして私に意識されているのである。

このとき現れるものは、はじめは特定されていない（何の木かわからない）こともあれば、経験の進行のなかで変化する（リンゴの木ではなくハリボテの看板だったことが判明する）こともある。だが、いずれにせよ現れはつねに何かの現れであるという点で、当該の何か（現れるもの）に不可分に結びついている。

同じことは、視覚だけでなく、ほかの感覚器官を通じた知覚にも当てはまる。ピアノの音が順番に奏でられていくなかで、私はそれらを介して一つの楽曲を聞いている。触り心地が「ふわふわ」から「べたべた」へと徐々に変化していくなかで、私はそれらを介して一つのわたあめに触れている。

いま目に見えているもの、いま耳に聞こえているもの、いま手に触れているものは、そのとき私が知覚しているもののすべてではない。そのつど顕在的に与えられるのは特定の部分にすぎないというのは、あらゆる超越的知覚に抜きがたく備わった特徴である。いま顕在的に与えられている部分の背後には、潜在的にしか与えられていない部分がある。

このとき、現在の経験に伴って潜在的に与えられている範囲は「地平」と呼ばれる。地平のなかには、空間的な地平（例えばリンゴの木の反対側）もあれば、時間的な地平（例えば、メロディーのなかのまだ聞こえていない部分）もある。さらに、いま例示したものは一つの対象（リンゴの木やメロディー）のなかにある内部地平であるが、それに加えて、当該の対象を空間的あるいは時間的に取り囲む外部地平（例えば、リンゴの木の周りに生えている草花や、メロディーが終わったあとに聞こえてくるはずの館内放送など）も考えられる。

超越的対象とは、このように「現れ」を介して知覚される「現れるもの」であり、顕在的に与えられた範囲の背後に潜在的に与えられた範囲（地平）を有している。とはいえそれは、決して私たちにとって疎遠なものではない。むしろそれは、日々の生活のなかで知覚されているとおりのものである。逆に言えば、そのような知覚されているとおりのものの構造を説明するために、「現れ」「現れるもの」「地平」等の概念が用いられたのである。

†ノエシスとノエマ

ところでフッサールは、今しがた述べたような知覚されているとおりのもの――「現れ」「現れるもの」「地平」からなる対象――を「ノエマ」という言葉で表すことがある。「ノエマ」は、もともとはギリシア語で「思考されたもの」を意味するが、フッサールの現象学においては、諸種の志向的体験（意識）が向かう対象、すなわち志向的対象を幅広く表している。したがって正確に言えば、知覚だけでなく、空想も、欲望も、感情も、例外なくノエマを有している。

志向的体験（意識）の対象を「ノエマ」と呼ぶことの利点は、それが意識のはたらきとの相関関係にあることが見てとりやすくなるという点だ。ノエマとの関係を可能にする意識のはたらきは、ギリシア語で「思考すること」を意味する「ノエシス」という語で表される。これまでに述べてきた内容に即して言えば、感覚与件を把握するはたらきはノエシスの側に属する。

ほかにもノエマの側の諸要素に応じて、それに対応するノエシスの側でのはたらきがあると考えられる。『イデーンI』でのフッサールの論述は、このノエシスとノエマの相関関係に即して進められるのだが、紙幅の都合上、本書ではその細部に立ち入ることは控えておこう。

†ノエマの意味

ただ一点指摘しておきたいのは、ノエマの中心部分には「意味」と呼ばれる要素が含まれているということだ。これは、先述の把握のはたらきが「意味付与作用」とも言い換えられるものであったこと（本書八九ページ）を踏まえれば当然とも言える。感覚与件を把握する（そこに意味を付与する）はたらきがノエシスの側で遂行されるならば、それに相関して、ノエマの側は、「意味」という要素が成立するのである。

ノエマの意味とは、私が対象をどのようなものとして意識しているかを決定する要素である。すると、同じ対象に向かう諸々の意識が、相異なる意味をもつこともありうる。例えば、同じ人物を「弥次さんの友だち」として意識する場合と、「襦袢を幽霊と見間違えたうっかり者」として意識する場合とでは、対象が同一人物（喜多さん）であっても、ノエマの意味はそれぞれ異なっている。

あらゆる意識は、対象に志向性を向けているかぎり、その志向性の向け方を決定する要素（ノエマの意味）をもつ。ただし、刻一刻と移り変わる私の意識の内容が、常に言語化されているわけではない。例えば電車の窓から景色を眺めているとき、飛ぶように過ぎ去っていく建物や木々のひとつひとつを言語化することは、私にはできそうにない。ときどき「あ、京都タワーだ」「あの建物はお洒落だな」等の感想が出てくることはあるが、それは私の目に映るものごとのごく一部にすぎない。

言葉の意味は、ときにノエマの意味を表現するために付け加わることがあるが、いつもそうであるとはかぎらない。したがってノエマの意味は、言葉の意味からは区別される。言語化される前の知覚や空想にも「意味」が含まれているというのは奇妙な感じがするが、フッサールはそのように「意味」という語を幅広く用いている。ノエマの意味は、言葉の意味によって写し取られるべきものとして、すべての志向的体験に認められるのである。

ただしノエマには、言葉の意味によって写し取ることのできない要素も含まれている。例えば、単に言葉のうえで意識しているだけのリンゴの木と、実際に知覚されているリンゴの木は、直観的な内容に関して大きな違いがあるだろう。しかし言葉で表せば、どちらもリンゴの木であることに変わりはない。言葉が経験されている内容の豊かさを完全に汲み尽くすことは、おそらくできないのである。このようにノエマは、経験と言語の関係を考えるうえでも有効な道具立てとなりうる。

†カント的な意味での理念

ノエマについての言及はここまでにして、今度は、超越的知覚において対象が全面的に与えられるとはどういうことかを考えてみよう。

超越的知覚が進行するにつれて、地平として潜在的に与えられている部分は、徐々に顕在化していくはずである。つまり現れるものの内実は、超越的知覚が続いていくなかでだんだんと明らかになってゆくのである。

だとすれば、現れるものは、決して私たちの経験から切り離されたところにあるわけではない。経験のなかで与えられる現れを順番に集めていけば、いつかは現れるものの全体が明らかになるはずである。

では、現れるものの全体に到達できるはずの「いつか」とは、いったいいつのことなのだろうか。一見すると、そこには比較的短い期間内で到達できるように思われる。リンゴの木の周囲をまわるのにかかる時間は、せいぜい数秒だろう。もっと細部に立ち入って枝葉や果実を点検するのには時間がかかるかもしれないが、それでも地道に作業を進めていけばいつかは終わるはずだ。

しかしフッサールは、すべての現れが顕在化するためには超越的知覚の無限のプロセスが必要だと述べている。その理由は、おそらく、超越的対象に対して私がとる距離や角度が——たとえ当該の対象がどれほど小さなものであったとしても——無限に多様であるからだ。

無限に多様な距離や角度において与えられる部分を一つずつ顕在化させていくためには、やはり無限の時間が必要になるだろう。漫然と全体を眺めまわすだけなら一瞬で済むかもしれないが、すべての距離や角度からスナップショットを撮っていこうとすると時間がいくらあっても足りない。さらに、対象そのものが変化する（例えば、リンゴの木の葉が色づいたり果実が成長したりする）可能性を考慮するならば、そのような時間的変化を含めた全体を余すところなく捉えることは一層難しくなる。

そのため、先取りされた全体は、少なくとも有限な経験の区間のなかでは全面的に顕在化する（根源的に与えられる）ことがない。フッサールは、そのように有限な経験のなかでは到達しえない、すべての面や部分が根源的に与えられた状態での対象のことを、「カント的な意味での理念」と呼ぶ（なぜそれが「カント的な意味」なのかは後述する）。

†対象に関する言葉づかいの整理

これまで、超越的知覚の対象を説明するための言葉として「現れるもの」「ノエマ」「カント的な意味での理念」が登場してきたので、頭がこんがらがってきたかもしれない。そこでいったん整理しておこう。

「現れるもの」は、「現れ」と対比するために用いられる言葉である。現れの無限な多様性に対して、現れるものは一つである。このように、「多」に対する「一」を強調するときには「現れるもの」という言葉が便利である。

ただし「現れるもの」は「現れ」や潜在的な「地平」と不可分であるため、それらをひとまとめにしたものが「ノエマ」と呼ばれる。したがってノエマは多様な要素を含むが、先述のとおり、その中心には「意味」と呼ばれる要素がある。したがって、経験の意味と言語の意味の関係を考えるときには、「ノエマ」という言葉が活躍する。

また、現れるものの全体が根源的に与えられているとはかぎらない――というより、現実の超越的知覚のなかでそうなることはありえない――が、それでもあえて全体が根源的に与えられた状態を目標として設定するときには、その状態にある対象が「カント的な意味での理念」と呼ばれる。したがって、対象がそのつどの私の経験からはみ出していると いう点を強調するときには、「カント的な意味での理念」という言葉を使うのがよい。

このように、「現れるもの」「ノエマ」「カント的な意味での理念」は、いずれも超越的知覚の対象を指し示す言葉であるが、対象のどのような特徴に注目するかによって区別される。そのため本書でも、文脈に応じてこれらの語を使い分けていきたい。

†なぜ「カント的」なのか

ところで、ここで登場した「カント的な意味での理念」は、なぜ「カント的」と呼ばれるのか。この点を次に確認しておこう。

第二章で登場した「超越論的」という語と同じように、「理念」という語も、カントの哲学を参照しつつ導入される。ただし、ここでもやはりフッサールは、カントの基本的なアイディアを取り入れつつ、そこに大幅なアレンジを加えている。

「理念（Idee）」とは、カントによれば、経験のなかで実際に与えられることはないにもかかわらず、人間の理性が想定せずにはいられないものである。カントの『純粋理性批判』という著作においては、そのような理念として、時間の系列をたどるときに想定される世界の時間的な始まり、空間を進むときに想定される世界の空間的な限界、原因の系列をさかのぼるときに想定される自由などが挙げられている。

カントが挙げたこれらの理念は、実際に与えられることがないからといって、私たちの経験にとって無益であるわけではない。むしろそれは、いかなる経験的な限界も絶対的な限界と認めないことによって、「経験をできるかぎり継続し拡張するために」役立つのだとされる(『純粋理性批判』A509/B537)。

つまり理念は、私たちの経験の進行を導く役割を果たしているのである。そしてフッサールは、このように①経験のなかで実際に与えられることがないという点、②経験の進行を導くという点を、「理念」の特徴としてカントから引き継いだのである。

ただし両者のあいだには相違点もある。第一の相違点は、「与えられない」という言葉の意味にかかわるものである。カントによれば、理念が与えられないというのは、それが経験可能なものごとの領分にそもそも含まれていないということであった。これに対しフッサールにとって、カント的な意味での理念としての対象は、地平という不特定なものを伴ったかたちであれば、経験の各時点において与えられているとも言える。したがってフッサールにとって、カント的な意味での理念が経験のなかで実際に与えられることがないというのは、経験の有限な進行のなかで全面的に顕在化することがないという意味である。

第二の相違点は、理念が及ぶ範囲にかかわるものである。カントは、『純粋理性批判』において、理性が行う推論の種類に沿って一定数の理念(時間と空間の限界、自由など)を挙げていたが、個別的・具体的な経験の対象が理念であるとは一言も述べていない。これに対しフッサールによれば、個別的・具体的な超越的知覚の対象は――それが全面的に与えられた状態のことが考えられているかぎり――どれもみな理念なのである。

したがってフッサールによれば、リンゴの木も、空に浮かんでいる雲も、私の手元にあるノートパソコンも、どれもみな「カント的な意味での理念」であるということになる。もしカントが、自分の名前を冠した用語がそのように濫用されているのを見たら、「私はそんなこと言ってないよ」と文句の一つもつけたくなるかもしれない。

†突き破られる意識

ではフッサールは、「理念」という言葉が指す範囲を拡張することによって、いったい何をしようとしていたのだろうか。フッサール自身の言葉を引きながら考えてみよう。

閉じた意識のなかで完全に規定された仕方で、そして同様に完全に直観された仕方で与えられることがありえない対象がある。自然や世界という名称のもとで包括されるあらゆる超越的対象、あらゆる「実在的なもの」は、そのような対象に属している。／しかし、それにもかかわらず、（カント的な意味での）「理念」として、完全に与えられた状態があらかじめ描き出されている〔…〕。（『イデーンⅠ』第一四三節）

まずは引用文の解説をしておこう。「完全に規定される」というのは、対象の内容が余すところなく特定されていること（例えば、リンゴの木の葉や枝の形や色が特定されていること）であり、「完全に直観される」というのは、対象が余すところなく根源的（それ以上さかのぼることができないほどありありと）かつ顕在的に（知覚の背景ではなく前景として）与えられるということである。しかし超越的対象は、そのつど一面的にしか与えられないのだった。どこかの面が前景になれば、ほかの面は背景になってしまう。それゆえ超越的対象は、閉じた意識、すなわち有限な意識のなかでは、完全に規定され完全に直観されることがありえないのである。

第二章で述べたような「超越論的還元」によってあらゆる対象を意識の側に引き戻すことは、一見すると、風呂敷で荷物を包み込むように、世界のすべてを私の意識のなかに取り込む操作であるように思われるかもしれない。しかしフッサールによれば、私の閉じた意識のなかには、一個のリンゴすら包み込むことはできないのである。

それにもかかわらず、私は、いつか完全に与えられるはずのリンゴの木を理念として描き出すことなしには、そのつど与えられているものを把握することができない。引用文で述べられているように、フッサールにとっての「理念」とは、経験を進めていくための目印としてあらかじめ私が描き出すスケッチのようなものであった。もちろんこのスケッチは、経験の進み方しだいで、いつでも描き直される可能性がある。しかしいずれにせよ、スケッチは閉じた経験には収まらないものを描き出している。

私の意識は、包み込むことのできない超越的対象に志向性を向けているという意味で、無限の経験の可能性に向けて開かれている。この無限の可能性を実現する筋道をつけるために、私は、たとえどれほど不確実であるとしても、与えられるべき対象の姿を前もって素描しようとするのである。

そのつどの超越的知覚において理念が描き出されるというフッサールの主張を吟味するなかで判明したのは、私の意識が閉じたものではなく、むしろ無限の可能性に開かれているということだった。超越論的還元によって、世界は超越論的経験の領野（より視野を広げれば、経験を含めたあらゆる意識の領野）へと引き戻される。ただしそれによって確かめられるのは、私の意識が世界のすべてを包み込む完全無欠なものであるということではない。むしろ私の意識は、実際になされた経験だけではカバーできないところにまで志向性を向けている。そのように実際の経験をはみ出すものに対して、「カント的な意味での理念」という名前が与えられたのである。

真夏の空に現れた入道雲を眺めていると、こんなに大きなものが空に浮かんでいることに、今さらながら驚きを感じることがある。夜、駅前のマンションの窓のあちこちに電灯が点いているのを見ると、それぞれの部屋のなかで生活が営まれていることに不思議な感じがしてくる。私は、雲の端から端までを踏破することはできないし、明かりの灯った部屋の一つ一つを訪問することもできない。そんなとき、自分に経験できる範囲が、世界全体に比べればいかに断片的なものにすぎないかを実感する。

超越的知覚とは、世界のものごとが私に与えられる経験であると同時に、それらが私の意識をはみ出していることを思い知る経験でもあるのだ。先ほど述べたように、私の意識は、すべてを余すところなく包み込む風呂敷のようなものではない。あえてこの比喩を使って表現するならば、私の意識は、むしろ包み込もうとするものに絶えず突き破られる、穴だらけの風呂敷なのである。

2 内在的知覚

†内在的知覚とは何か

超越的知覚の説明はここまでにして、次に内在的知覚の説明に移ろう。

まず確認すべきは、内在的知覚が、「反省」と呼ばれる作用の一形態であるということだ。反省とは、リンゴの木や雨のように私にとって超越的なものではなく、私自身の体験を対象にする作用である。このとき対象になる体験は、「〇〇についての喜び」のような志向性をもった体験(志向的体験)でもよいし、痛みの感覚のようにそれ自体では志向性をもたない体験でもよい。

いずれにせよ反省の対象になる私の体験は、超越的な対象とは異なり、一面的な現れをつうじて現れることがない。比喩的な言い方をしないかぎり、私の痛みには表面と裏面の区別はないし、私の喜びを見上げたり見下ろしたりすることはできない。このように現れを介することなく与えられ、いわば私自身の内側で生きられているという意味で、反省の対象になる私の体験は私にとって内在的なのである。

さらに反省のなかには、過去の自分の体験に向かう反省と、現在進行中の自分の体験に向かう反省が区別される。前者は自分の体験をふたたび想起する作用であり、後者は自分の体験を知覚する作用、すなわち内在的知覚である。

例えば、かつての悲しみの体験を「あのときこんな気持ちだったな」と想起するとき、対象になっている体験は過去にあり、想起する作用は現在にある。これに対し、現在進行中の悲しみの体験を「いま私はこんな気持ちなのだ」と内在的に知覚するとき、対象になっている体験も、それを知覚する作用も現在にある。つまり内在的知覚とは、可能なかぎり時間差を埋めた状態でなされる反省なのである。

ただし、超越的知覚が対象と一体化することではなかったのと同じように、内在的知覚においても対象との一定の距離が必要となるかもしれない。自分の体験に密着している状態とは、いわばそれを一心不乱に生き抜いている状態だろう。夢中で食事をしているときには、自分が何をしているのかをいちいち振り返ったりはしない。そこからわずかにでも距離をとって顧みるときになって初めて、私が生き抜いている体験が、私が振り返る体験、すなわち内在的知覚の対象になるのである。

そして、そのような内在的知覚は、フッサールの現象学にとって無くてはならない操作でもある。なぜなら現象学は、各種の意識（志向的体験）の内容を明らかにしていくことで進むものである以上、体験を対象にする内在的知覚のはたらきを常に利用しなければならないからだ。

実際のところ、前節で行ったような超越的知覚の解明は、超越的知覚を漫然と遂行するだけでは成し遂げられない。むしろ、超越的知覚のはたらきを内在的知覚の対象にすることによって初めて、そのなかに含まれていたものが露わになるのである。

†移ろいゆく体験を捉える

内在的知覚の対象は、私が生き抜いている体験そのものである。だとすれば、それを捉えるのは、超越的知覚の場合よりも簡単であるように思われるかもしれない。

私の体験は、リンゴの木のようにあちこちを眺めまわさなくても与えられており、空に浮かぶ雲のように手の届かないところにあるわけでもない。しかし、私の体験を捉えることにも、やはりそれなりの難しさがある。というのも、私の体験は、いつでも丸ごと捉えなおせるような仕方で私のなかに常駐してはいないからだ。

具体的に考えてみよう。『イデーンI』においては、内在的知覚の例として、理論的なことを考えているときの喜びを反省するというケースが挙げられている。要するにこれは、勉強や研究をしている最中に何だか楽しくなってきて、その楽しさに反省の目を向けているという状況だろう。良くも悪くも真面目なフッサールの人柄をしのばせる事例であるが、まずは彼自身の記述を引用してみよう。

> 喜びが経過しているあいだに、反省の視線が喜びに向けられる。喜びは、反省の視線のもとでしかじかの仕方で移ろい、過ぎ去ってゆく。(『イデーンI』第七七節)

喜びなどの感情を内在的に知覚することは、決して珍しいことではない。勉強や研究に集中しているときには特に意識されていなかった喜びは、そちらに視線を向けることによって、内在的知覚の対象となる。

もちろん「視線を向ける」というのは、文字どおりに眼球を動かすということではなく、注意の方向を、本やノートではなく自分のなかに向け変えるということである。そのような反省によって、私は、自分のなかに今まさに喜びの気持ちがあることを確かめる。しかし引用文で述べられているように、喜びは永続的ではない。むしろそれは、「移ろい、過ぎ去ってゆく」のであり、退屈や倦怠の気持ちに取って代わられることもあるだろう。

さらに言えば、このとき喜びは経過中のものとして与えられているにすぎず、始まった瞬間から内在的に知覚されているわけではない。むしろ引用文の直後でフッサールが述べているように、「喜びへの最初の反省は、喜びを顕在的で現在的なものとして見出すが、まさにそこで最初に始まるものとして見出すわけではない」(『イデーンⅠ』第七七節)。

喜びに気づいたとき、その喜びは多かれ少なかれ過ぎ去っている。私の体験は、当の私自身にとっても、簡単に捉えられるものではない。むしろそれは、いつのまにか始まり、たえず移ろいゆき、やがては終わる不安定なものである。

†「生の全体」を捉えることはできるか

ところでフッサールは、たえまなく進行する私の体験のプロセスを水の流れに喩え、それを「体験流」と呼んでいる。一定の感情や経験の始まりと終わりは、このプロセスのなかに便宜的に設けられた区間にすぎない。喜びの気持ちが湧き起こる前にも私は生きてきたし、間歇《かんけつ》的な喜びが止んだ後にも私は生きていくだろう。

さらに言えば、私は、自分の体験流のすべてを内在的知覚の対象にしているわけではない。むしろ、私がはっきりと自分の体験に反省の目を向けることは、ごくたまにしか起こらないかもしれない。

私が漠然と感じていた喜びは、それを顧みて言葉にしないかぎりは、特に際立つことなく過ぎ去っていく。同様のことがすべての体験に当てはまるとすれば、私の内在的知覚が、私の体験流のすべてをカバーすることはできそうにない。生まれてから死ぬまで絶えまなく反省しつづけないかぎり、私の体験流のなかには、生き抜かれているが内在的知覚の対象にはなっていない部分が残るのである。

それにもかかわらず、私たちには、自分の体験流を一つの生として統一的に捉えようとする傾向がある。それは日常的な言葉で、「私の人生」と呼ばれているものにほかならない。私の人生は一つであり、それ以上でもそれ以下でもない。反省によって特定のスパンを捉えるのとは別の仕方で、そのような統一的な生の全体は、人生計画を立てたり人生の意味を考えたりするときに、私の意識の対象になっている。

フッサールは、超越的な対象と同様に、この統一的な生の全体をも、カント的な意味での「理念」と呼んでいる（『イデーンI』第八三節）。超越的な対象が私に一挙に全面的に与えられることがないのと同様に、私自身の生の全体も、対象として余すところなく与えられることはないのである。

前節で述べたように、私の体験流は、超越的対象が全面的に与えられることがないにもかかわらずその全体をあらかじめ思い描いてしまうという点で、みずからを超過するものによって突き破られている。のみならず本節での論述から明らかになったように、私の体験流は、全面的に内在的対象になりえないという点で、いわばたくさんの隙間を含んでいる。

第六章では、私にとってどこまでも異質でありつづける者、すなわち「他者」が登場する。とはいえ他者との関係を考慮に入れることによって初めて、それまで完全であった私の生に亀裂が走るわけではない。たとえ世界に私ひとりだけであったとしても、そもそもの初めから私の生は閉じてなどいないし、きれいな筋も通っていないのだ。

3　価値覚

†空の青さに見惚れる

超越的知覚と内在的知覚は、この世界のものごとが事実としてどうであるか（リンゴの花は何色か、私のなかにどんな体験が生じているか等）に気づくはたらきであった。しかし私の経験は、事実だけでなく価値に関わることもある。私が生きている世界は、単なる事実の集合体ではなく、善さや悪さ、美しさや醜さなどの価値が浸透している場所でもあるのだ。そこで本節では、個別的な対象の価値を根源的に受け取る経験について考えてみたい。

仮に、私が気象学者として青く晴れわたった空を観察しているとしよう。このとき私は、青空が好きであろうと嫌いであろうと、今日の天気に対してどんな感慨を抱いていようと、そういった個人的な思いに引っ張られることなく、冷静かつ公平な態度で空模様を調べる。

そんなふうに学問に従事しているときの態度を、フッサールは、『イデーンⅠ』の続編である『イデーンⅡ』（主として一九一二年から一五年にかけて執筆）のなかで詳しく論じようとしていた。結局『イデーンⅡ』は彼の生前には公刊されなかったのだが、助手のシュタインによってまとめられた原稿からは、フッサールの基本的なアイディアを読み取ることができる。

学問に従事しているとき、私は好き嫌いの気持ちを完全に断ち切る必要はない。例えば気象学者としての研究に取り組んでいるときでさえも、依然として私のなかには、青い空を「好ましいと思う気持ちがある」かもしれない。しかしフッサールによれば、そのとき気象学者としての私は、「好ましいという気持ちのなかで生きる」わけではない（『イデーンII』第四節）。

「好ましいという気持ちのなかで生きる」というのは少しわかりづらい表現だが、ここでは、湧き起こってくる気持ちに浸りきっているかどうかが問題になっていると考えればよい。好ましいという気持ちのなかで生きている（そこに完全に浸りきっている）状態とは、要するに、青い空に見惚れているときである。

しかし、うっとりと見惚れてしまっては学問的探究に集中することができないので、気象学者としての私は、好ましいという気持ちがあることを否定はしないとしても、それをいったん脇に置いて冷静に青い空を観察する。学問に従事する際には、「○○という気持ちのなかで生きる」ことを一時的に控えるべきなのである。

†価値覚

だがフッサールによれば、学問的な探究においては余計なものとなる「○○という気持ちのなかで生きる」という要素は、価値を経験する際には決定的な役割を果たす。こうして『イデーンⅡ』においては、「好ましいという気持ちのなかで生きる」ことが「享受する（Genießen）」と言いかえられ、この享受こそが、価値を根源的に与える作用、すなわち「価値覚」であるとされるのである（『イデーンⅡ』第四節）。なお、価値を根源的に与える作用が、知覚（Wahrnehmung）との対比で価値覚（Wertnehmung）と訳されることについては、第三章を参照されたい。

ただし価値覚は、享受だけに尽きるわけではないだろう。好ましいという気持ちのなかで生きること（享受）は肯定的な価値についての価値覚であり、それとは別に、厭《いと》わしいという気持ちのなかで生きることを、否定的な価値についての価値覚として考慮に入れねばならない。

さらに一般化して言えば、好ましい／厭わしい等の何らかの感情のうちで生きることが、価値覚の基本形式であると考えられる。私に与えられる価値は、本能的なレベルでの好き嫌いに関わるものから、道具的価値（有用／無用）、道徳的価値（善い／悪い）、美的価値（美しい／醜い）など多岐にわたる。

したがって、それぞれの価値を根源的に与える感情が何であるかを特定することは、価値覚の理論の重要な課題であると言えよう。そして常に注意すべきなのは、価値覚が、単に私の心のなかに何らかの感情がある状態だけでなく、私がその感情のなかで生きている状態――つまり、当該の感情や、その感情が志向性を向けている対象にひたむきに没頭している状態――を指しているということだ。

†価値覚と価値判断のつながり

なお価値覚は、二つの方向への展開の可能性をもっている。第一は、価値判断とつながる方向である。

知覚（超越的知覚と内在的知覚）は事実判断、すなわち、この世界の事実がどうであるかを表す判断を裏づける役割をもっている。例えば、「空が青い」という事実判断は、空の色についての超越的知覚によって根拠づけられるだろう。しかし知覚だけでは、価値判断、すなわちこの世界がどんな価値を帯びているかを表す判断を根拠づけることはできない。むしろ価値判断を根拠づけるのは、価値覚の役割である。「青い空は美しい」という価値判断が妥当なものであるか否かは、私が青い空について好ましく思う気持ちのなかで生きているか否かによって判定される。

さらに価値判断は、当為判断、すなわち、この世界がどうあるべきかを表す判断につながることもある（「当為」とは「なすべき事柄」のことであり、一般に「べき／べきでない」という形式で表される判断は当為判断と呼ばれる）。

すると例えば、「困っている人を助けるのはよいことだ」という価値判断は、「困っている人を助けるべきだ」という当為判断につながりうる。このように当為判断は価値判断に支えられ、価値判断は価値覚に支えられている。だとすれば、価値覚は、この世界がどうあるべきかを語る際にも重要な役割を演じるはずである。

実際、フッサールの倫理学（道徳的な観点から価値判断や当為判断を扱う学問）の根底には価値覚の理論がある。価値覚そのものは学問的な探究からいったん離れることによって成立するが、だからといって価値覚が学問と無縁というわけではないのである。

†価値覚と実践的な行為とのつながり

価値覚の展開の第二の方向は、実践的な行為へとつながる方向である。

例えば、私がお腹を空かせており、目の前にあるリンゴの果実を見て、いてもたってもいられなくなるとしよう。このとき、目の前にあるものがリンゴの果実としてはっきりと認識されていようといまいと、それは美味しそうな見た目や香りのものとして、すでに私にとって好ましいものとして経験されている。つまり私は、それを実際に食べる前から、それが好ましいという気持ちのなかで生きている（それを享受している）のである。

フッサールによれば、このとき享受というかたちでの価値覚の対象になっているものは、それに向かって何かをするように私を促すことがありうる。何をするかは状況に応じてさまざまであるが、具体的には、リンゴの果実に向かって手を伸ばすこと、リンゴの木の枝からそれを切り離すこと、それにかぶりつき、咀嚼《そしやく》し、飲み込むことなどが挙げられるだろう。これらはすべて、この世界のなかで実際になされる行為である。

このようにリンゴの果実の例においては、価値覚の一種としての享受が、食べる前からリンゴの果実を好ましく思うというかたちで、それを手に取って食べるという行為を動機づける役割を果たす。とはいえ、リンゴの果実に対する享受はそこで終わるわけではないだろう。

実際フッサールは、一九三〇年に書かれた草稿のなかで、「リンゴを食べること、噛みちぎること、噛み砕いて咀嚼していくこと」のすべてに享受が伴っていると述べている(『フッサール全集』第四二巻、第二部テキスト第六番)。

食べる前からリンゴは好ましいのだから、当然のことながら、リンゴを食べることも好ましい。のみならず、リンゴが好ましいのは、単に私の空腹を満たしてくれるからだけではないかもしれない。ここでフッサールが描き出しているのは、リンゴを「噛みちぎること」や「噛み砕いて咀嚼していくこと」それ自体を楽しむ人間の姿である。リンゴのシャリシャリとした食感は、それだけでお腹を満たすことはないけれども、リンゴを食べる楽しみの一つとなりうる。

ドイツ語の「享受する（Genießen）」の一般的な意味は「味わう」であるが、ここでフッサールが着目している価値覚の一種としての享受は、単に味覚で何かを味わうことだけに限られない。リンゴの鮮やかな色合い、さわやかな香り、果汁の冷たさ、歯ざわりのよさなども享受の対象となりうる。

私の生活はときに味気ないものになりうるが、私が世界のなかで生きているかぎり、ささやかな楽しみを見つける機会が完全に失われることはないはずだ。リンゴの果実が一つでもあれば、それを手に取って食べ終わるまでの過程にひたむきに没頭することによって、その過程の随所がいろいろな価値で満たされるかもしれない。

逆に言えば、そのような享受ができなくなること、つまり好ましいという気持ちにひたむきに没頭することが難しくなるとき、私の生は無味乾燥なものになってしまう。そのときに私が何を失ったのかを考えるためにも、享受の理論は重要である。

生活のなかで何かについて好ましいという気持ちが生じたとしても、私がそこに入り込んで生きないかぎり、私の生は精彩を欠いたままにとどまる。享受できる可能性が常にあるということは、享受できなくなる可能性が常にあるということと表裏一体なのである。

†生活世界

　こうした価値や行為についての考察は、人間としての私が世界のなかでどのように存在しているのかを解明することにもつながる。人間としての私は、さまざまなものごとに価値を見出し、ときにそれらによって動機づけられ、さまざまな行為を世界のなかで実践する。

　このとき世界は、行為の主体である私を中心として、動機づけるものごとがその周りを取り囲むという構造によって捉えられる。そのような世界は、日常的に私がそのなかに入り込んで生活している世界、すなわち「生活世界」と呼ばれる。

　特にフッサールが晩年に執筆した『ヨーロッパ諸学の危機と超越論的現象学』（以下『危機』）においては、「生活世界」をめぐる議論が、彼の超越論的現象学のなかで重要な地位を占めるに至っている。

　生活世界とは、その名のとおり、そこで私が日常生活を営んでいる世界である。つまりそれは、私がリンゴを食べたり、散歩をしたり、ピアノを弾いたりする世界のことなのである。こうした生活世界が重視されるに至った理由は、私たちの活動のすべてが、結局のところ生活世界で生じているからである。どれほど浮世離れした学問的探究も、生活世界のなかで人間が行う活動の一コマなのである。

生活世界は、その世界のうちに目覚めつつ生きている私たちにとって、いつもすでにそこにあり、あらかじめ私たちにとって存在し、理論的であれ理論以外であれ、すべての実践のための「基盤」となる。世界は、目覚めつつ何らかの仕方で実践的な関心を抱いている主体としての私たちに、たまたまあるときに与えられるというものではなく、あらゆる現実的および可能的実践の普遍的領野として、地平として、あらかじめ与えられている。(『危機』第三七節)

夢のなかではいざ知らず、目覚めて生活しているかぎりでの私たちの行為は、どれもみな生活世界のなかで実践される。特筆すべきは、そのような実践のなかに、「理論的」な行為も含まれているということだ。

理論的な行為とは、言いかえれば学問的な探究のことであり、それは一見すると実践とは無関係であるように思われる(実際のところ、「理論」と「実践」はしばしば対義語として用いられる)。しかし、紙に数字を書いて計算することも、顕微鏡で観察することも、哲学の議論をすることも、行為であるかぎりはすべて実践の枠内に含まれている。だからこそ生活世界は、日常生活を送る場所であり学問の基盤でもあるような世界として、すべての実践を支える最大の地平なのである。

補章　厳密な学問としての現象学

†本質直観とは何か

第四章では、経験のなかでも、根源的に対象を与える経験、すなわち超越的知覚・内在的知覚・価値覚について説明してきた。しかし第三章でも述べたように、根源的に対象を与えるという役割を果たしうる作用は、経験に限られない。

経験は個別的な対象を根源的に与えることはできるが、普遍的な対象を根源的に与えることはできない。そのため普遍的な対象を根源的に与えるはたらきは、経験と区別して「本質直観」と呼ばれたのだった（本書一二四ページ）。紙幅の都合上詳細に立ち入ることはできないが、ここではその概要だけでも紹介しておきたい。

以下で述べるように、本質直観の理論は、フッサールの現象学を厳密な学問として仕上げるためには欠かせないものであった。とはいえフッサールの「経験」概念に沿った解説を行う本書にとって、本章は本筋から離れた補章として位置づけられる。したがって、もしここでの議論がわかりづらいと感じたら、本章を飛ばして第五章に進んでも構わない。

†普遍性にはさまざまなレベルがある

まず確認しておきたいのは、フッサールが「本質」という言葉を、さまざまな種類の普遍的なものを表す総称として用いているということだ。「普遍的なもの」と言うと往々にして地球規模の、さらには宇宙規模の広がりが連想されるかもしれない。しかしフッサールは、普遍性にさまざまな程度があることを認めている。

例えばフッサールは、普遍的なものの例として、しばしば「赤」などの色を挙げる。しかし、色の見え方は生物種によって異なっており、人間のなかでも見え方に違いがある。だとすれば、「赤」の本質は特定のグループのなかで共有されているにすぎないのかもしれない。さらに言えば、他人がどんなふうに色を感じているのかを確かめられない以上、「赤」の本質は厳密には私自身のなかでしか通用しないのではないか。

それでもフッサールが「赤」の本質について語るということは、彼が色覚の多様性を無視した議論をしているということではない。むしろ、たとえ私一人の経験の範囲内であるにせよ、経験される「赤」に共通の特徴があることにフッサールは着目しているのである。

もし、そのような私にとっての共通の特徴がないとすれば、私は、熟したリンゴとトマトを「赤いもの」として分類することができない。何に対してどんな線引きをするかは個人差があるかもしれないが、経験されるものを分類するためには、普遍的なものに訴える必要がある。その分類が通用する範囲が個人であるか、集団であるか、人類であるか、宇宙全体であるかに応じて、普遍性にはさまざまなレベルがあるのだ。

では、さまざまなレベルの違いがあるにもかかわらず、それらがどれも普遍的なもの、すなわち「本質」であると言える根拠は何なのだろうか。これに関してフッサールは、どの本質も個別例をもつことが可能であるという説明を与えている（『イデーンI』第七五節）。つまり、○○の本質を知っているということは、あるものが○○の個別例かどうかを判定することができるということと同義なのである。

例えば「赤」の本質と「三角形」の本質は、同じ本質という言葉で表されるとしても、それが通用する範囲には違いがあるはずだ。ある図形にどんな色がついているかについては意見を異にする人たちも、それが三角形であることについては合意できるかもしれない。また、色の見え方については議論の余地がないが、三角形については、その定義を理解しているかどうかについて議論の余地がある。

それゆえ「赤」の本質と「三角形」の本質は、どちらも何らかの普遍性をもつという点では共通であるとしても、それが及ぶ範囲や、それが共有されない場合の対処法を異にしていると言える。その違いを無視して「赤」と「三角形」が同じ程度に普遍的なのだと考えると、本質に関するフッサールの議論は、途端に奇妙なものに見えてきてしまう。フッサールの本質論を正当に評価するためには、まずは本質の普遍性のレベルに注意する必要がある。

†自由変更と理念化

そのうえでいよいよ、本質がどのように与えられるのかを考えていこう。このとき重要な役割を果たすのは、フッサールの現象学の基本的な道具立てである空虚な作用と充実した作用の区別である（詳しくは本書第三章を参照）。

「三辺形（三角形）とは三つの線分に囲まれた図形である」という定義を言葉の上で知っているときであっても、その言葉を通じて私の意識は、あらゆる個別的な三角形を個別例としてもちうるという意味での普遍的な三角形を志向的対象にしている。つまり、ここで志向的対象になっているのは三角形の本質なのである。しかし、言葉の上での知識にとどまるかぎり――つまり、三角形の本質が根源的に与えられていないかぎり――私が当該の本質に向けている作用は空虚なままなのである。

では、三角形の本質が根源的に与えられるとはどういうことなのか。個別的なものの場合は超越的知覚や内在的知覚がその役割を果たしていたのだが、知覚によって与えられるのは、特定の辺の長さや角度の大きさによって限定された個別的な図形だけである。それだけでは、「三つの線分に囲まれた図形」が一般にどういうものかがわかったとは言えない。では知覚によって個別例をたくさん集めたらいいのかもしれないが、いちいち現実世界のなかで個別例を作図していたら、時間がいくらあっても足りないだろう。

そこでフッサールが提案するのは、空想の力を借りることである。第二〜三章で述べてきたように、空想とは、具体的なイメージをもって何かを思い浮かべるはたらきである。空想は知覚のように個別的なものを根源的に与えることはできないが、それなりの直観的充実を伴っているという意味では、単なる空虚な作用から区別される。

知覚に対する空想の強みは、現実世界のありかたに制限されない自由をもっているという点にある。例えば、一つの角が〇・〇〇一度の三角形や一つの辺が一〇キロメートルの三角形を実際に作図することは容易ではないが、空想することは自由にできる。そのようにして個別的なものの内容を空想のなかで自由自在に変更することは、「自由変更」と呼ばれる。

空想は、たしかに個別的なものを根源的に与えることはできないが、次々に個別的なもののイメージを与えることによって、それらを通じて普遍的なもの（本質）に接近することを可能にする。「接近する」という言い方をしたのは、空想の力にもやはり限界があるからだ。空想による自由変更は、当該の本質についての多くの個別例を与えてくれるが、有限な時間のなかでは有限な数の個別例を与えることしかできない。ところが、三角形の本質は、無限に多くの個別例をもちうるはずである。したがって、空想によって私の意識に実際に与えられる個別例の数が、三角形の本質がもつことのできる個別例の数を上回ることは決してない。三角形の本質は、実際に与えられる個別例を超えて、無数の個別例を可能にするような一般的特徴として志向されねばならないのである。

ところで私たちは、実際に与えられるものを超えたところに想定されるものが何と呼ばれるのかをすでに知っている。第四章で示したとおり、それは、超越的知覚においては対象の全体として、内在的知覚においては体験流の全体として想定されていたもの——すなわち「カント的な意味での理念」である。

超越的知覚や内在的知覚とは別の仕方ではあるにせよ、本質についての作用もカント的な意味での理念をもつことがありうる。実際のところフッサールは、三角形をはじめとした幾何学の諸本質が「カント的な意味での理念」であると明言している（『イデーンI』第七四節）。

そのように本質を志向的対象とする作用において自由変更を繰り返した結果として、本質が無数の個別例をもちうるものとして、つまり「カント的な意味での理念」として意識されるようになることは、当該の本質の「理念化(Ideation)」と呼ばれる。

ところで理念化は、自由変更に支えられているという意味で、空虚ではなく充実した作用である。そして、それ以上にありありとした仕方で本質が意識されることはありえないとすれば、自由変更と理念化の遂行こそが本質を根源的に与える作用であると考えられる。このとき与えられる本質は、カント的な意味での理念という地位にまで高められているという意味で「理念的本質」と呼ばれる。このようにして自由変更と理念化を通じて理念的本質を根源的に与える作用こそが「本質直観」なのである。

†精密な学問と記述的な学問

ところでフッサールは、幾何学のように、公理からの演繹によって知識を得ていくタイプの学問を「精密な学問」と呼んでいる。精密な学問の特徴は、そこで使われる用語の定義が、あらかじめ学問体系のなかに揺るぎなく位置づけられているという点だ。

たしかに、定義される用語は、何らかの普遍的なもの(本質)を言い表しており、その本質の個別例は経験のなかで与えられうる。しかし、経験される個別例がどれほど不完全であったとしても、それによって定義が揺るがされるわけではない。

例えば、円は「一つの線に囲まれた平面図形で、その図形の内部にある一点から、それへ引かれたすべての線分が互いに等しいものである」と定義される。コンパスを使って紙のうえに描かれた図形が正確にはこの定義を満たしておらず、それにもかかわらずその図形が「円」と呼ばれているとしよう。このとき、この円の個別例が、もともとの円の定義を揺るがすわけではない。

むしろ逆に、円の定義に照らして、この世界に描かれた円が不完全であるということが判明するのである。だとすればもっと高品質のコンパスを作ろう、もっと鉛筆の芯を尖らせよう、アナログの方法に限界があるならデジタルで描いてみよう――等々の仕方で、円を描くための技術は次第に向上していく。幾何学的に定義された円は、まさしく理念的な本質、すなわちこの世界に円を描くという私たちの活動を導く目標になっているのである。

しかし、すべての学問が精密な学問であるとはかぎらない。例えば植物学においては、葉の形を言い表すために「鋸歯《きょし》」という用語が用いられることがある。ある種の植物の葉は、ギザギザとした細かい切れ込みが入っており、そのような切れ込みのことを、鋸《のこぎり》の歯、すなわち「鋸歯」と言い表すのである。しかしこの用語は、ユークリッド幾何学における「三辺形（三角形）」や「円」のように、あらかじめ定義が定まっているわけではない。むしろ植物学は、世界に生えている植物を実際に観察することによって展開していくのである。

「鋸歯」がどんな形であるのかも、そのような観察のなかで初めて明確になる。つまり、ヨモギやブタクサやヤグルマソウなどの個々の葉の形をよく見て、それらに共通する特徴を抽出することによって、鋸歯の本質が見て取られるのである。このとき行われる操作は、経験のなかで与えられる個別例をなるべく多く集めてそこから一般的特徴を抽出することだけである。一口に「本質」と言っても、それが与えられる仕方は、学問分野に応じてさまざまなのである。

そしてフッサールは、個別例から抽出される一般的特徴を記述する学問のことを「記述的な学問」と呼ぶ。記述とは、一般に言葉で何かを描写することだが、ここでは定義との関連で特別な意味が込められている。つまりここで言う記述とは、あらかじめ定義が定まっていないところで、個別例から一般的特徴を抽出しつつ、それに適合する表現を試行錯誤しながら探していくことなのである。

そのような記述は、さまざまな学問のなかで行われているはずである。例えばフッサールによれば、自然科学の全体が記述だけで成り立っているわけではないとしても、自然科学の一部として記述的な部門、すなわち「記述的自然科学」があるとされる。また人文・

社会科学も、自然科学とは異なる仕方ではあるにせよ、「絶対王政」や「契約」などの概念を得るために、やはり一定の記述を行っているだろう。

ここで注意しておきたいのは、精密な学問と記述的な学問のあいだに優劣関係があるわけではないということだ。精密な学問のような公理系を記述的な学問に求めることはお門違いである。また逆に、記述的な学問の観点から幾何学上の「円」や「三角形」を定義しなおそうとしても意味がない。むしろ必要なのは、精密な学問と記述的な学問のあいだに線引きを行い、それぞれの方法を混同しないようにすることである。

†現象学における記述

以上のような学問の区分を踏まえて、現象学の位置づけについても考えてみよう。フッサールによれば、現象学は精密な学問ではなく、むしろ記述的な学問の側に位置づけられる。その理由は、フッサールの超越論的現象学が、超越論的還元によって得られる純粋意識の領野で、経験をはじめとした諸種の作用を記述することに主眼を置いているからだ。

第四章で行った超越的知覚や内在的知覚についての説明は、まさにそのような記述の試みであった。超越的知覚とは何か、内在的知覚とは何かを定義するためには、それらの個別例を手がかりにして徐々にその一般的特徴に迫っていくしかない。その際には、幾何学が有しているような精密な定義は望むべくもない。

そもそも現象学は、幾何学とは異なり、公理にもとづいた学問体系として表現されることはない。第三章で紹介した現象学の基本原理、すなわち「すべての原理のなかの原理」は、対象と作用の相関関係に沿って記述を進めていくためのガイドラインであり、そこからすべてが演繹されるような公理ではないのである。

こうした学問上の位置づけを念頭に置きつつ、フッサールは、『イデーンI』の緒論において、現象学における記述とはどういうものかを説明している。そこにおいてフッサールは、現象学の用いる概念が、数学のようにあらかじめ定義されているわけではないことを確認する。精密な学問である数学と、記述的な学問である現象学は、そもそも学問の種類を異にしているのだから、同じような語り口をする必要はないし、そうすべきでもない。現象学においては、概念の定義は、長い探究のあとで初めて下されることになる。

フッサールによれば、現象学は、定義を下すまでの探究の過程で「言葉を繫ぎ合わせてゆく」語り方をせざるをえないのだとされる。既存の言葉は、記述されるべき事柄にぴったり合うようにオーダーメイドで作られているわけではない。だからこそ、既存の言葉のなかから、だいたい当てはまりそうなものをなるべく多く選び、それらを並べて置いてみなければならない。画家が色を塗り重ねていくなかで徐々にモチーフを描き出すように、現象学者は、あれこれと言葉を連ねていくことによって、記述されるべき事柄を徐々に浮かび上がらせるのである。

フッサールの書く文章が、しばしば同じようなことの繰り返しになったり、一か所に停滞したりするのはそのためである。もともと数学者であった彼が、余計なものを削ぎ落として目標を射抜くような語り方を知らなかったはずはない。ただ、現象学においてはそのような語り方ができないというだけのことである。フッサールの一見したところ不器用な文章は——本当に彼の不器用さを示していることもあるかもしれないが——現象学の記述の実践なのである。ここでは、ぎこちなさが一つの美徳なのだ。

†厳密な学問としての現象学

記述的な学問において、記述はさしあたり現実に与えられる個別例の範囲内で行われる。したがって、それらの一般的特徴として抽出される本質は、精密な学問が扱う本質のように理念的である必要はない。したがって例えば、葉の形状の一種としての「鋸歯」が何であるかを把握するために、理念的本質を直観するときのように自由変更や理念化という操作を経る必要はないだろう。

しかし、記述的な学問が扱うものを理念的な本質にまで高める可能性が排除されているわけではない。実際のところフッサールは、記述的な学問に属する現象学が、「理念的・同一的な本質」を扱うと述べている（『イデーンI』第七五節）。例えば、超越的知覚という種の作用の本質が何であるかを解明するためには、さしあたりは現実に与えられる個別例が手がかりとなる。そこからさらに、現実には与えられていないが想像できるような個別例をも考察の範囲内に含めることができるようになる。突拍子もない対象（例えばチョコレートでコーティングされた富士山や、演奏するのに一〇〇万年かかる交響楽など）を知覚するときでさえも、それらの対象が現れを介して現れるという一般的特徴は変わらないはずである。こうした自由変更を経ることによって、超越的知覚の本質を理念的なものとして同定できるようになるというわけである。

そのようにして理念的な本質を扱う記述的な学問は、厳密な学問と呼ばれる。現象学は、記述的な学問であるかぎりは精密な学問ではありえないのだが、厳密な学問になることはできるのだとされる。

†形相的還元

フッサールは、現象学を厳密な学問にすることを目指していた。それが達成されたかどうかについては評価が分かれるところだとしても、いずれにせよ確かなのは、フッサールにとっての現象学は、あくまで本質を扱う学問であるということだ。

フッサールは、現象学が単に個別的な事例を挙げるだけの学問ではないということ、つまり純粋意識のなかで生じる諸々の作用の本質を解明するための学問であるという点をしばしば強調する。個人的な意識の流れをそのまま提示するのは日記や私小説の役割であって、現象学はそれとは別のことをしようとしている。そして、このように探究の主題を個別例から本質へと移す操作は、「形相的還元」と呼ばれる（フッサールにおいて、「形相」は「本質」と同義である）。

第二章で見たように、超越論的還元とは現象学の探究のフィールドを開く操作であった。これに対して形相的還元は、そこでの探究の主題を普遍的なものに限定する操作である。このようにしてフッサールの現象学は、超越論的還元と形相的還元という二つの操作を経て進められるのである。

本章は、フッサールの現象学が本質の探究であることを示すという点では重要だが、本書全体のストーリーラインからすればやや脱線であった。そこで次章以降では、私から他者に向かうという本筋に戻ることにしよう。まず考えるべきは、他者に向かう運動の起点、すなわち今ここで生きている私とはいったい何者なのかという問いである。

第五章

生きている私

1 人間としての私、純粋自我としての私

†人間としての私

生きている私とは何者かという問いは、一見すると、とてもあっけなく答えられるように思われる。私は「鈴木崇志」（皆さんもここに自分の名前を入れてみてください）という名前の人間である。「どれがあなたですか？」と聞かれたら、私は自分の手を挙げたり顔を指さしたりすることで居場所を示すこともできる。人間としての私は、この世界のなかで、心と身体をもって生きているのである。

あるいは、心と身体を「もつ」という言い方には語弊があるかもしれない。人間として

の私は、心や身体から離れたところにいてそれらを所有しているわけではないからだ。むしろ、心の宿ったこの身体こそが、特定の名前をつけられてこの世界で生きている者、すなわち人間としての私にほかならない。

このことはまぎれもない真実なのだが、第二章で提示したような超越論的現象学の見地に立つならば、さらに考えるべきことがある。そこで述べたように、超越論的現象学においては、この世界で経験される対象がそれ自体で存在するという判断を一時停止することによって、対象が経験の側に引き戻される（超越論的還元）。そのうえで、対象の種類に応じて、それを根源的に与える作用が何であるかが特定されるのだった。

そして本書の第四章と補章で明らかになったように、超越的な対象については超越的知覚、私自身の体験については内在的知覚、価値については価値覚、普遍的なものについては本質直観が、根源的に与える作用という役割を果たしている。

では、人間としての私についてはどうだろうか。私が私自身の与えられ方を問うというのは奇妙な感じがするが、少なくとも人間としての私は、私が着ている服や履いている靴と同じように、世界のなかに存在しているものの一つである。

だとすれば、それの与えられ方を明らかにすることも、やはり超越論的現象学の課題に含まれるはずである。そして人間としての私が、先述のように「心の宿ったこの身体」にほかならないのだとすれば、問題はそれがどのように与えられるかということだ。

この問題に対しては、さしあたりは、内在的知覚が重要な役割を果たしていると言えそうだ。日常的に「心」と呼ばれているものは、フッサールの現象学においては体験の流れに該当すると考えられるからだ。

しかし、心を内在的に知覚するだけでは、まだ十分ではない。それと密接に絡み合ったこの身体がどのように与えられるのかが、さらに特定されねばならないのである。

†キネステーゼ

私の身体は、一定の体積をもって空間を占めているという意味で、この世界に超越的に存在する物体の一つである。だとすれば、それは超越的知覚だけによって根源的に与えられていると言ってよいのだろうか。

たしかに、洗面所の鏡を見れば、歯ブラシと同じように私の身体が映る。しかし、歯ブラシのような単なる物体を経験することと、身体を、しかもこの私の身体を経験することのあいだには違いもあるはずだ。仮に私の身体の隣にそれとそっくりの人形があったとしても、私が人形を自分の身体と取り違えることはそう簡単には起こりそうにない。

では、単なる物体の経験に含まれておらず、私の身体の経験には含まれているものとは何か。フッサールはそれを「キネステーゼ」という耳慣れない言葉で表現している。「キネステーゼ」とは、ギリシア語で「運動」を意味する「キーネーシス」と、「感覚」を意味する「アイステーシス」を組み合わせて作られた言葉であり、要するに運動感覚のことである。ただし、ここでの運動感覚とは、外から運動を知覚することではなく、運動している当の器官において、自分が動いているという感覚をもつということである。

例えば、歯ブラシを振れば歯ブラシの動きについての外からの知覚（超越的知覚）を得ることができるが、歯ブラシ自身の立場になって「自分が動いている」と感じることはできない。これに対して、私が自分の手を振るときには、その手の動きが外側から超越的に知覚されるだけでなく、いわば内側から生きられる。つまり、そのとき私は「自分の手が動いている」という運動感覚（キネステーゼ）をもつのである。

ところで「自分の手が動いている」という感覚は、無理やり誰かに手を摑まれて振られているときにも生じうる。だが私は、自分で自発的に手を振るときには、単に「自分の手が動いている」だけでなく「自分が手を動かしている」という感覚をもつこともできる。

そのような感覚には、「自分がさらに大きく手を動かすこともできるし、動きを止めることもできる」という能力についての意識も伴うはずである。このようにキネステーゼは「自分が動いている」という感覚だけでなく、「自分を動かしている」という感覚でもありうる。そして私は、その運動の当事者として（場合によっては、その運動をコントロールできる者として）、自分の身体を経験するのである。

もちろん、怪我をしたときなどには、自分の身体を動かすことができるという能力の意識をもてなくなることもあるだろう。また、長時間正座したあとに急に立ち上がったときのように、自分の足が動いているという感覚が生じないこともありうる。そのような怪我や麻痺の際に生じていることを理解するためにも、キネステーゼ（運動感覚）や「○○できる」という能力意識について論じることには意義があるはずだ。

フッサールの超越論的現象学は、このように自分の身体の構成という問題をつうじて、身体論へと繫がるのである。

†純粋自我としての私

さらには、人間としての私とは別の局面で、「私」について論じることも可能である。なぜなら超越論的現象学によれば、人間としての私は、経験において構成される対象の一つにすぎないからだ。その構成が行われる場所としての経験のほうに目を向けてみると、そこでもやはり「私」が問題になる。

第三章で見たように、経験を含めたすべての志向的体験（意識）は、体験の流れ、すなわち体験流のなかに位置づけられる。そして超越論的還元を経たあとはすべてのものが経験の側に、その志向的対象として引き戻されるのだった。

したがって人間としての私も、それが諸種の知覚やキネステーゼによって経験されるものであるかぎりで、やはり基本的には経験の対象として考えられている。するとさらに問われねばならないのは、そのように超越論的還元を経たあとの経験（超越論的経験）の主体は誰であるかということだ。

フッサールはこの問いに対して、経験の主体は、体験流の担い手である「私」にほかならないという答えを用意している。体験流のなかで起こるすべての体験は、志向的であると否とを問わず、私の体験である。したがって志向的体験の一種としての経験もまた私の経験であり、この経験の担い手としての私が、そのつどの対象を経験している。そのような意味において、体験流の担い手である「私」こそが経験の主体なのである。

超越論的態度に移行したあとには、体験流は、自然的態度におけるすべての先入見を取り除かれている（つまりそのような先入見から純化されている）という意味で、「純粋」と形容される。すると、その担い手である私もまた「純粋」と形容されるべきものとなる。つまり純粋な体験流の担い手である私とは、純粋な私、すなわち「純粋自我」なのである。

なお本書では、「私」と「自我」を基本的に同じ意味で用いる。つまり、自分のことを

「私」と名指すことができるということは、「自我」をもっているということにほかならない。

ただし、一人称の視点で語る場合には、文字通り一人称の代名詞の「私」が相応しいので、適宜文脈に応じて「私」と「自我」を使い分けていくことにしたい。フッサールの訳語としては、代名詞の「私（ich）」と、それに定冠詞を付けて一般名詞化した「自我（das Ich）」が区別される。

†特別な意味での孤独

ところで、鏡にも映るし手で触れることもできる人間としての私に比べて、純粋自我としての私は、文字どおり「つかみどころがない」ように思われる。そもそも体験流の担い手とはいったい何であり、いかなる根拠があって体験流が私のものであると言うことができるのか。

こうした疑問について考えるために、フッサール自身の発言を参照してみよう。そこにおいてフッサールは、体験流のなかに、まだ顕在的な志向的体験になっていない諸々の背景的な体験があることを指摘したうえで、次のように述べている。

それらの背景的な体験のすべては、唯一の体験流に属しており、その体験流は私のものである。そのかぎりで、それらはすべて顕在的な「私は考える」という諸作用へと変形したり、それらの作用のなかに内在的に取り込まれたりしうる。(『イデーンI』第五七節、傍点は原文での強調)

引用には含めなかったが、この文の直前では、一貫して純粋自我に関する議論が展開されていた。したがって、ここで「私」と言われているのも純粋自我のことであると考えられる。

そしてフッサールは、この引用文のなかで、すべての体験が「唯一の体験流」に属していると述べたうえで、その体験流が「私のもの」であると付け加えている。このさりげない発言のなかに、純粋自我というものに関するフッサールの考え方が示されている。

まずフッサールによれば、あらゆる体験は、「私は考える」という作用へと変形したりその一部になったりする(したがってフッサールは、作用のことを、ラテン語で「私は考える」を意味する「コギト」と表記したり、それを名詞化したかたちである「コギタチオ」と表記したりすることがある)。

ここで「私は考える」という作用は、文字通り何かを思考する作用にとどまらず、顕在的に「私は○○する」というかたちで遂行されるすべての作用を指している。そのように「私は考える」を広い意味で理解するという発想はデカルトやカントから受け継がれているのだが、ここではそのような哲学史的な背景に立ち入るのは控えておこう。

むしろここでは、フッサールの言わんとすることを具体例に即して考えてみたい。

例えば、お昼どきにぼんやりと感じていた思いは、「私はきつねうどんを食べたいと思っているのだ」という欲求の作用として顕在化しうる。また、クラスメイトに対してぼんやりと抱いていた思いが、ある日とつぜん「私はあのひとが好きなのだ」という恋愛感情の作用として顕在化することもありうる。

フッサールによれば、このようにしてすべての体験は、反省されたり掘り下げられたりすることによって、顕在的な志向的体験（「私は○○を××する」という作用）になったり、それと結びついたりできるとされる。だからこそ体験流の全体は、すでに顕在化しているにせよ、まだ潜在的なままであるにせよ、「私のもの」であると言えるのだ。

ただし、ここで「私」と呼ばれているものは、人間としての私とは別の地位にある。なぜならそれは、先の引用によれば、「唯一の」体験流の担い手であるからだ。フッサール自身が強調を付けていることからも窺われるように、ここで「唯一の」という言葉は特別な意味で読まれねばならない。

第二章で述べたとおり、超越論的還元を施したあとに残るのは純粋な体験の流れだけであって、ほかのすべてはそこにおいて構成される。つまり私の体験流は、構成がなされる場所であるという意味で、そこで構成されるすべてのものと並列することができないのである。そのように並ぶものがないという意味において、超越論的還元のあとに残された体験流は、比類のない唯一のものなのである。

人間としての私は、この世界に共存している別の人間たち、つまり「君」や「彼」や「彼女」との対比において個性を発揮する。

例えば人間としての私は、君よりも声が低かったり、君よりもバドミントンが苦手だったりする。これに対しては超越論的還元のあとに残された体験流は、そのような「君」や「彼」や「彼女」の存在を前提とせずに、比較を絶した唯一性をもつ。

フッサールによれば、超越論的還元のあとにはすべてが純粋な体験流の側に引き戻されるという意味で、自然的態度と比べて何かが失われるわけではない。しかしすべてが体験流に引き戻されるということは、この体験流だけが残されることであるとも言える。それは、複数のなかで孤立しているから「ひとりぼっち」なのではなく、すべてを志向的対象として取り込んだ自分だけが残っているから「ひとりぼっち」なのである。この特別な意味での孤独が、フッサールの超越論的現象学の出発点であったのだ。

†体験流が私のものであるということ

そして引用文で示唆されているように、フッサールにとって、体験流が純粋自我のものであるということは、この体験流の唯一性からただちに導かれる主張であったようだ。純粋自我が体験流の担い手であるというのは、純粋自我が体験流を外側から物理的に持ち上げたり背負ったりしているということではない。そうではなく、体験流がまさしく「流れ」に喩えられるような連なりであることを保証する最低限の形式のことが、「私」という言葉で表現されているのである。体験流が唯一のものであるということは、それが何かによって一つにまとめあげられていること、つまり統一されていることを含意している。ただし、さまざまな体験が統一されているからといって、それらが大きな変化なく調和しているとはかぎらない。むしろさまざまな体験が統一されているというのは、どれほど大きな変化や不調和が生じたとしても、それらが同じ場所で起こっているということだ。

私の想像を絶するような衝撃的な出来事も、それまでの私の価値観を一新するような画期的な出来事も、それらが降りかかってくる宛先が「私」であることに変わりはない。体験流は澄み切った一筋の流れのように美しいものではなく、濁流になったり蛇行したりすることもあるかもしれない。それでもやはり、顕在的にせよ潜在的にせよ、すべての出来事は私に対して生じるのである。

フッサールが純粋自我という言葉で表していたのは、体験の中身として現れるもののことではなく、いわば「すべての体験がそこで起こる」と言うときの「そこ」のことである。したがって、純粋自我としての私は、体験流の内容がどれほど変化しても同一でありつづける。この同一性は、そこで生じる出来事の内容に依存しないという意味では、形式的な同一性であると言うことができるだろう。

2 時間のなかを生き抜く私

†時間図表

前節では、人間としての私と区別される純粋自我としての私、そしてそれによって形式的な同一性が与えられている体験流について考えてきた。

ところで当然のことながら、私の体験流は、水やレモンティーのような液体でできているわけではない。それにもかかわらず体験の連続体を「流れ」という比喩的な言い回しで表すことができるのは、私の体験が時間経過に沿って進行していくからである。未来が今になり過去になる、その絶えまない変化が、流れに喩えられているのである。

そこで次に、この時間経過に沿った体験の流れを、フッサールの時間図表という枠組みに沿って記述してみたい。時間図表とは、フッサールが『内的時間意識の現象学』（一九二八年）のなかで提示した、意識一般の時間的な構造を表すための図表であり、以下のように描かれる（第一〇節）。

フッサールは、生じた瞬間の体験を、根源的な印象すなわち「原印象」と呼び、図表の横線AEを原印象の連続として描いている。例えば、お風呂に入って「いい湯だな」と感じるという状況に沿って考えてみよう。この感情は一瞬で過ぎ去ることなく、お風呂に浸かっているあいだは絶えず更新され持続する。そのような一連の「いい湯だな」という感情の始点をA、終点をEと表すことができる。

ただし、もし始点で生じた「いい湯だな」という気持ちがただちに忘却されてしまうならば、私は「いい湯だな」という気持ちを時間的な幅をもったものとして感じることができないだろう。その場合には、「あ、今いい湯だな」「あ、今いい湯だな」……という刹那的な体験が断続するにすぎない。

しかし実際の体験は、たいていの場合、時間的な幅をもって持続しうる。ということは、体験は成立した瞬間にすぐに消えてしまうわけではなく、次の時点においても、少し前に

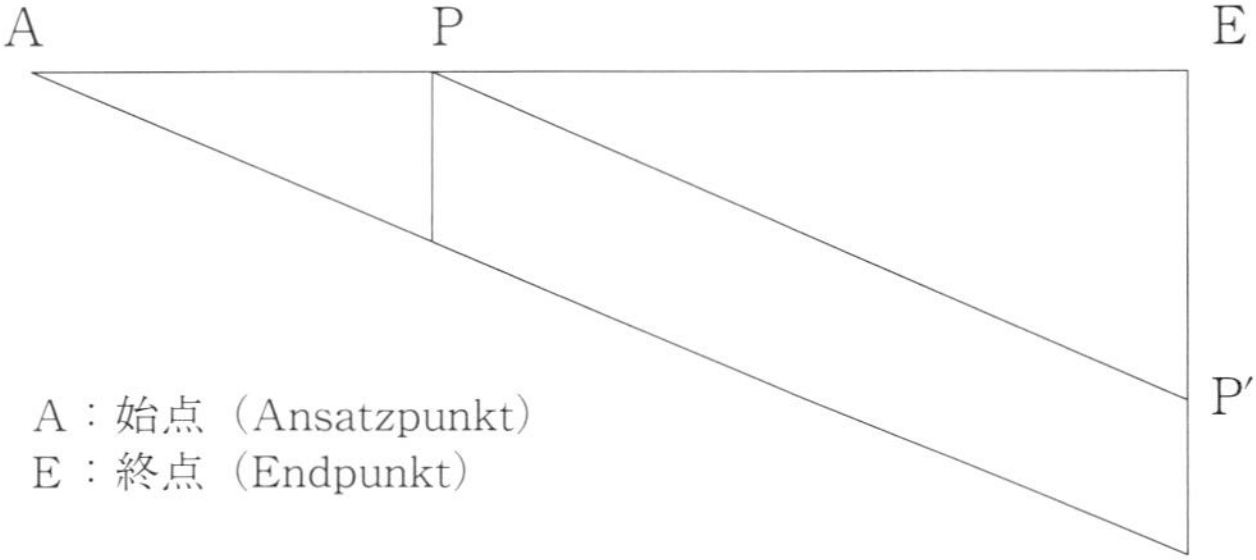

起きたこととして保たれると考えられる。そのように、ある時点において少し前の時点での体験を保つはたらきは、「把《は》持《じ》」と呼ばれる。

　原印象が把持される過程は、図表の斜めの線で表される。例えば斜線PP′は、時点Pでの原印象が終点Eに至るまで把持される過程である。こうした把持のはたらきによって、始点よりあとの時点においては、「今いい湯だな」という意識ではなく、「さっきからずっといい湯だな」という意識が成立しうるのである。

　ここでは感情を例に挙げたが、同様の原印象と把持の構造は、ほかの種類の意識にも当てはまる。実際のところフッサールは、『内的時間意識の現象学』において、メロディー知覚の例を挙げていた。

　例えば、お風呂で気持ちよくなった私が、ザ・ドリフターズの「いい湯だな」を口ずさみはじめるとしよう。このとき、一瞬ごとに与えられた音の体験がすぐに消失してしまうならば、私の耳に聞こえてくるのは、「ババン」「バ」「バン」「バン」「バン」という断続的な音だけである。まとまりをもった「ババンバババンバンバン」というメロディーについての意識がある時点で成立するのだとすれば、その際には少し前の時点で成立した音の諸体験が把持されていなければならない。それゆえメロディーを知覚できるということは、フッサールが把持と呼んだはたらきが生じていることの証左なのである。

さらにこの時間図表の縦線は、そのつどの時点における意識の状態を表している。例えば時点Pにおける意識の状態は、Pから下ろした垂線で示されており、そのなかには、時点Pで与えられた原印象だけでなく、それ以前の時点で与えられた諸々の原印象の把持が含まれている。

これによって表されているのは、現在の意識の状態が、少し前の意識の状態との繋がりを保っているということだ。「いい湯だな」と感じた最初の時点であるAにおいて与えられた原印象は、時点Pにおいても把持されているのである。

時間図表をもとにして得られた知見は、第四章で論じた内在的知覚、すなわち反省によって私自身の体験を知覚するはたらきと関連づけることができる。

例えば、時間図表の縦線についての説明を踏まえると、把持された原印象を手がかりとして、始点Aにおける「いい湯だな」という感情の始まりを、後の時点での内在的知覚の対象に含めることができるだろう。反省する体験は、反省される体験の始まりに出遅れていたとしても、把持を介してこの出遅れを埋め合わせることができるのである。

とはいえ、理論上はそのように考えることができたとしても、実際にそうなっているかは議論の余地がある。往々にして私の意識は、「いつのまにか気持ちよくなっていた」といった仕方で、明確な始まりに気づくことなく進行しているのかもしれない。

†幅をもった現在

右の時間図表においては、過ぎ去りつつある体験を把持するはたらきが描き出されていた。しかし経験は、そのように過ぎ去りつつあるものに向かうだけでなく、来たるべきものに向かうこともあるだろう。

そこでフッサールは、少し後に起こるはずのことを予期するはたらきを「予持《よじ》」と呼んでいる。つまり過去方向の把持に加えて、未来方向の予持もあるというわけである。

ただし、把持と予持のあいだには重要な違いもある。把持は、すでに起こったことを意識につなぎとめるはたらきなので、その内容はすでに確定している。これに対して予持は、まだ起こっていないことにあらかじめ意識を向けるはたらきなので、その内容は確定していない。

もちろん把持においても、最初ははっきりしていたことが次第にぼんやりとしてくるという仕方で、曖昧さが生じることはありうる。しかし予持においては、そもそも内容が未確定であるという点で、把持の場合とは異質な曖昧さが抜きがたく備わっている。

この予持のはたらきについて、具体例を挙げながらさらに考えてみよう。私たちは、目下の時点で与えられた部分から、これから与えられるはずの全体にあらかじめ思いを馳せることがある。もうもうと湯気を立てる小籠包を食べるときには、小籠包についての一般的な知識にもとづいて、「熱いスープが飛び出してくる」ことが口をつけた時点ですでに予持されているだろう。

しかし当然のことながら、予持は、どれほど具体的な内容をもちうるとしても、完全な未来予知ではありえない。この小籠包から出てくるスープは思っていたほど熱くないかもしれないし、予想していたのとはまったく別の具材が入っているかもしれない。だがいずれにせよ、予持のはたらきがあるからこそ、私は未来に対して身構え、よほどのことがないかぎりはいちいち驚いたりせず、比較的安定した生活を送ることができる。やけどをせずに小籠包が食べられるのも予持のおかげなのだ。

また予持は、もっと大まかな仕方でなされることもある。例えば小籠包を初めて食べるときには、「これはお饅頭のようなものだな」という見通しのもとで、「とにかく何か具が入っているのだろう」という程度の漠然とした予持がなされる。

あるいは、不思議の国に迷い込んだアリスのように、手持ちの知識では理解できないような状況に追い込まれたときには、「とにかく何かが起こるのだろう」という、まったく内容を欠いた予持しかできないかもしれない。しかしいずれにせよ私は、この瞬間ですべてが終わるとは思っていない。私の意識は、たとえ良いことか悪いことかわからないとしても、これからも何かが起こるということをいつも考慮に入れているのだ。

したがってフッサールによれば、ある時点での意識の状態には、原印象（成立した瞬間の体験）だけでなく、把持された体験と予持された体験も含まれている。「時点」という言葉で表されることからもわかるように、時計で測ることのできるような客観的な時間軸上において、現在は幅をもたない「点」である。しかしその現在の時点における意識の主観的な状態は、把持された体験・原印象・予持された体験という三つの成分からなっている。意識にとっての現在とは、いわば、幅をもった現在なのである。

✝過去と未来

ただし、いくら現在が幅をもつとはいえ、その幅は無限ではない。把持や予持をつうじて意識は前後に手を伸ばしているのだが、手の届く範囲には限界があるのだ。

「いい湯だな」を口ずさむとき、「ババンババンバンバン」という歌い始めのメロディーは、「ここは北国、登別《のぼりべつ》の湯」と一番を歌い終えるときには、もう把持されていないかもしれない。このとき歌い始めのメロディーは、すでに現在の知覚の範囲を離れ、過ぎ去ったこととして、過去のほうに位置づけられる。

同様に、夕食に小籠包を食べているときには、明日の昼に宅配便が届くはずだということがすでに予持されているとは言いがたい。なぜならそれは、進行中の現在の知覚のなかで起きるはずのことではなく、もっとあとに起こるはずのこととして、しばらく先の未来に位置づけられているからだ。

このように私は、現在の範囲内だけでなく過去や未来にも意識を向けることができる。このことをフッサールは、「想起」と「予期」という言葉を用いて整理している。

まず、これまで「把持」と呼ばれてきたものは、現在の範囲内で少し前のことを想い起こすはたらきであり、一次想起として位置づけられる。これに対して、すでに過去に沈みこんだことを再び想い起こすはたらき（再想起）は、二次想起であるとされる。

同様に、これまで「予持」と呼ばれてきたものは、現在の範囲内で少し後のことを予期するはたらきであり、一次予期として位置づけられる。そしてもっと先の未来に向かう予期は、二次予期であるとされる。

3 哲学する私

†自己解明としての現象学

さらにフッサールにとって、みずからの生に目を向けることは、超越論的現象学のプログラムと密接な関連をもっていた。第二章で見たように、超越論的現象学においては、自然的態度においては隠れたままに作動している経験の仕組みを露わにするために、経験を含めた体験流の全体が、いつもの態度（自然的態度）とは別の態度（超越論的態度）のもとで捉えなおされる。それはつまり、体験流に、そして体験流を生き抜く私に対して徹底的な解明を施すこととなのである。

超越論的現象学が自己の探究でもあるという発想の萌芽は『イデーンⅠ』にも見られるが、それがより顕著になるのは後年の著作においてである。特に一九三一年に公刊された『デカルト的省察』においては、超越論的現象学は、一種の「自己解明」であると明記されている（第一六節）。

ただしそこでの自己解明は、経験の仕組みの解明であるがゆえに、裏を返せば、例えばリンゴの木のような対象が構成される過程の解明であるとも言える。自己の経験の内部構造について語ることは、その内部構造のもとで対象が、ひいては世界全体が構成される過程について語ることでもある。自己について語ることと世界について語ることが、現象学においては表裏一体をなしているのだ。

†自我論とモナド論

自己について語ることが、同時に世界について語ることである――こうしたアイディアは魅力的だが、哲学の主張として支持できるかについては怪しいところもある。私が実際に経験できる世界はごく一面的なものにすぎず、私以外にも経験の主体はたくさんいるのではないか。だとすれば、世界の存在をめぐる大きな問いを、この私の自己解明という場面に限定してしまってよいのだろうか。

たしかに、もともとの問いを不当に縮小させることはあってはならない。世界について語るためには自己について語らざるをえないとしても、それだけで世界のすべてが説明できるわけではないだろう。

実際フッサール自身も、自己解明はあくまで超越論的現象学の一部にすぎないということを認めている。彼によれば、超越論的現象学のうちで、そのように自分の経験を反省してその仕組みを解明するだけで成立する部門は、「自我論（エゴロギー）」と呼ばれる（「エゴ」はラテン語で「私、自我」を意味する）。

さらに超越論的現象学においては、この自我論を土台として、自己と他者の関係を考慮に入れた部門がその上に築かれねばならない。こちらの部門は「モナド論（モナドロギー）」と呼ばれる。

「モナド」とは、ドイツ出身の近世哲学者G・W・ライプニッツ（一六四六〜一七一六）の用語であり、世界のなかで生きるひとつひとつの実体を意味している。「モナド（monad）」は、ギリシア語で「一」を意味する「モナス（monas）」に由来し、複数の実体のそれぞれが他と混ざり合うことのない「一」なる存在であることを表している。

ただしフッサールはこの用語を自分の現象学のなかでアレンジして、超越論的還元を施したあとの経験の主体を「モナド」と呼んでいる。つまりフッサールによれば、それぞれの経験の主体は他と混ざり合うことのない各々の体験流を生きており、この私という特定の自我は、数多くあるモナドの一つにすぎないとされる。

こうした説明からわかるように、フッサールがライプニッツから引き継いでいるのは、モナドが生の主体（それぞれの体験流を生き抜いている者）であるということ、そして複数存在しているということくらいであった。したがってフッサールのモナド論を理解するうえで、ライプニッツの哲学の知識が必要になるわけではない。ひとまず押さえておいてほしいのは、フッサールが「モナド」に言及するときには、この私だけでなく複数の自我、つまり複数の生の主体が考慮されているということだけである。

ただし、超越論的現象学を自我論からモナド論へと拡張するためには、この私とは別の体験流の担い手がいること、すなわち他者が存在していることを示さねばならない。その課題が達成されないかぎり、私は、自分を単独の経験主体と見なすしかない。

他者の存在をめぐる問題は次章で取り組むことになるので、本章ではさしあたり、モナド論へと拡張される前の自我論にとどまり、ほかならぬこの自我（この私）の位置づけについてさらに考えてみたい。

†フッサールがデカルトから学んだこと

ところで、少し前に述べたように、超越論的現象学をある種の自己解明として捉えるという発想が前面に出てくるのは、『デカルト的省察』という著作においてであった。これは一九三一年にフランスで公刊された著作だが、その元になったのは、フッサールが一九二九年にフランスのパリとストラスブールで行った講演である。

特にパリでの講演に関しては原稿が用意されており、現在ではその全文が「パリ講演」

と題され、『フッサール全集』の第一巻に収められている。そこには自我論とモナド論の関係について考えるための重要な手がかりが含まれているため、以下では、主に「パリ講演」と『デカルト的省察』を参照しながら話を進めていきたい。

ところで、パリ講演が行われたのはソルボンヌ大学のデカルト記念講堂という会場であった。第二章でも言及したルネ・デカルトは、近世フランスの哲学者であり、自分自身の存在を出発点とする哲学を打ち立てた人物として広く知られている。

これも第二章でも触れたことであるが、デカルトは学問の確実な基礎を探すために、少しでも疑わしいものはさしあたり否定するという方法によって、ありとあらゆるものの存在を退けていった（本書六五ページ）。しかしそのなかで彼は、すべてを疑っている自分の存在だけは退けることができないことに気づき、自分が存在しているという命題を学問の揺るぎない基礎として取り出すに至る。彼の発見を端的に表す「われ思う、ゆえにわれあり」というフレーズは広く知られているだろう。

こうしたデカルトの思索は、フッサールにも影響を与えた。哲学は人の言葉の単なる受け売りではなく、自分自身によって遂行されねばならないこと、そして哲学する自分の存在こそが、哲学の出発点でもあるということ——これらの基本的な発想を、フッサールはデカルトから学んだのだった。

†自我論は「独我論」なのか?

たしかに、自我の存在を基礎に据えるデカルトの哲学は、フッサールらの後世の哲学者たちに大きな影響を与えた。しかしこうした考え方に対しては次のような批判がなされうる。

自我の存在を確かめる過程で他の事物や人間の存在をいったん否定するというアプローチは、自我のなかだけに閉じこもる過度に内省的な哲学になってしまうのではないか。自分のなかだけですべてを解決しようとするのではなく、むしろ事物や他者とのつながりのなかで哲学を始めるべきではないか。ひとことで言えば、哲学の出発点は、「私」ではなく「私たち」であるべきではないか。

こうした批判はフッサールにも当てはまる。自分以外のすべての存在についての判断をいったん否定するデカルトとは異なり、フッサールが行うのは、世界がそれ自体で存在するという判断の一時停止(エポケー)であった。だがいずれにせよ、フッサールが、自分の存在とそれ以外の存在のあいだに線引きをして、前者を優先していることは確かである。だとすれば、自我の存在を特別扱いすることに対する先ほどの批判は、フッサールにも向けられねばならない。

ところで、自我の存在を特別扱いする傾向は、つきつめれば「独我論」という立場に至る。独我論（solipsism）とは、ラテン語で「自己、自我」を意味するipseと、「単独の、孤独な」を意味するsolusからなる複合語である。ここからわかるように、独我論とは、文字通り「単独の自我」が、つまり「ただ私ひとりだけ」が存在するという主張を中心に据えた哲学のことである。

このとき私以外の事物や他者は、完全に存在を否定されたり、私のなかに取り込まれたりする。したがって独我論は極端な立場であり、それを説得力のある仕方で支持することは容易ではない。だからこそ多くの哲学者は、何とかして独我論を回避しようとしてきた。

ではフッサールも、自分の超越論的現象学が独我論ではないと言い張るのだろうか。――最終的な結論はたしかにそうである。しかし意外なことに、フッサールは、少なくとも超越論的現象学の出発点が独我論であることは認めているのである。そのことが端的に示されているのが、「パリ講演」における次の発言だ。

今や私は、ある学問を、しかも前代未聞の固有の種類の学問を獲得するはずです。それは、排他的に私から出発して私の超越論的主観性のなかで生み出されたものだけを、しかもさしあたりは少なくとも私の超越論的主観性に対してだけ妥当させるのですから、超越論的に独我論的な学問なのです。

この引用文において「超越論的主観性」と呼ばれているのは、超越論的経験の主観に関わるものごと全般である。最も広い意味では、超越論的還元を施したあとの純粋自我および体験流のすべてがそこに含まれるだろう。

そのなかに含まれるものだけを、当の自我に当てはまるかぎりで論じるのが、超越論的現象学の第一段階なのである。そしてそれは、研究対象が私に関する事柄だけであり、そこでの発言の妥当性を判定するのも私だけであるという意味で、独我論的な学問であるとされる。

ちなみに公刊された『デカルト的省察』のほうでは、独我論に関してもう少し控えめな言い方がなされている。しかし、皆に聞かせることを意図した講演原稿のなかでフッサールが右のような発言をしていることは注目に値する。フッサールにとって、現象学の始まりが自我論であり独我論であるということは、避けて通ることのできない事実だった。

†自我はやっぱり孤独

フッサールがここで述べている意味での独我論の内実について、さらに考えてみよう。

先述のように、「ただ私だけが存在する」という独我論の主張を押し通すならば、私以外の事物や他者については、完全に存在を否定するか、私のなかに取り込むかのいずれかである。そしてフッサールの超越論的現象学は、世界の存在を否定するわけではないのだから、前者の選択肢をとることはできない。

ということは、後者の選択肢――ほかのすべてを私のなかに取り込む――という方策が取られているのだろうか。基本的にそう考えるしかないと思われるが、一つ留意すべき点がある。それは、第四章の「カント的な意味での理念」をめぐる議論を通じて明らかにしたように、世界のすべてが私の経験のなかで構成されるというフッサールの主張が、世界のすべてが余すところなく経験されているということを含意していないという点だ。むしろあらゆるものは、カント的な意味での理念として、すなわち先取りされた全体として私の経験のなかで構成されている。そのようにして私の現在の経験を超過するものが認められる以上、すべてが私のなかに取り込まれるという言い方は誤解を招きかねない。少なくともそれは、大きな風呂敷のなかに手荷物一式を包み込むように、宇宙のすべてを余さず包み込むことではなかったはずである（本書一四八ページ）。

とはいえ超越論的現象学においては、すべてが私のなかで――私をはみ出す部分すらもそのようなものとして――構成されるという主張がなされていたことは確かである。このとき私の体験流の存在は、そこで構成されるすべてのものの存在とは別の階層にある。そのようにして私を特権化し、他のすべての存在をそれとの関係へと引き戻そうとする傾向こそは、たしかに独我論と評すべきものだろう。

そしてフッサールは、この独我論における私の位置づけについて、「パリ講演」のなかで次のように説明している。

現象学的エポケーは、私を私の超越論的な純粋自我へと還元します。したがって、少なくとも初めのうちは、私はある意味で孤独な自己（solus ipse）なのです。ただし通常の意味において——たとえばあらゆる天体の崩壊のあとに、それでもなお存在している世界のなかに取り残されている人間というような意味において——孤独であるというわけではありません。

超越論的還元のあとに純粋自我となった私は、ある意味で孤独である。ただしそれは、宇宙のすべてが崩壊したあとに何もない空間にぽつんと一人残されているという意味での孤独ではない。

それにもかかわらず「ある意味で孤独」であるという発言は一見奇妙な感じがするが、

その言わんとすることは、これまでの話を踏まえて理解できるはずである。つまりフッサールがここで想定している孤独は、宇宙のすべてを失ったあとに私が直面する孤独ではなく、むしろ宇宙のすべてを自分のなかに引き戻したあとに私が直面する孤独なのである。すべてが私のなかで構成されるのだとすれば、私は何も失うことはない。しかし、私の存在だけが別の階層に置かれてしまうという意味で、私は対等な仲間をもたないひとりぼっちの状態にとどまっている。そうした意味での孤独は、フッサールの最晩年の著作である『ヨーロッパ諸学の危機と超越論的現象学』においては、「比類のない哲学的孤独」と呼ばれている（第五四節）。ここでの「比類のなさ」が、まさしく先述の「対等な仲間をもたないひとりぼっちの状態」に該当することは、今や明らかだろう。

思えばフッサールは、初期の著作である『論理学研究』（一九〇〇／〇一年）において、すでに「孤独な心的生」について語っていた（第二巻第一研究第八節）。そこでのフッサールは、まだ超越論的現象学という方法を考案してはいないものの、言語表現のはたらきを私一人の認識の場面に即して明らかにするために、いったんは他者とのコミュニケーションを度外視するという手法をとっていた。

他者との繋がりは後から考慮に入れるべきことであって、そのためにもまずは自我の内部を探索しなければならない。このようにして一度は孤独になるという方針は、『論理学研究』における「孤独な心的生」から、『イデーンⅠ』における純粋自我の唯一性を経て、「パリ講演」における独我論、そして最晩年の『危機』における「比類のない哲学的孤独」に至るまで一貫している。フッサールの現象学は、さまざまな変遷を経てもなお、孤独から始まる哲学でありつづけたのである。

†なぜ独我論を避けて通れないのか

このようにフッサールの超越論的現象学の出発点が独我論になってしまうのは、その目的や方法に照らして考えてみれば当然のことであるとも言える。

超越論的現象学の目的は経験の仕組みの解明であり、そのために採られる方法は、超越論的還元を通じて経験の諸側面に、および経験が生じる私の体験流の全体に目を向けることであった。そのように目を向けることは一種の反省であると考えられるが、反省は自分の体験流に対してしか行うことができない。

第2節で述べたように、自分の体験流には「現在」と呼びうる一定の幅をもった範囲と、それを超える範囲がある。そして現在の範囲への反省は内在的知覚によって行われ、現在を超える範囲への反省は、過去への再想起によって行われるだろう。だがいずれにせよ、内在的知覚も再想起も、この私の体験流のみを対象にするという点では変わりがない。

仮に他者の体験流というものが存在していたとしても、私はそれに直接アクセスすることはできない。このように複数の体験流のあいだに越えることのできない隔たりがあるという見解を、フッサールは固持していた。彼自身の言葉を借りて言えば、私の体験流と他者の体験流は「底知れない深みによって隔てられているのである」(『デカルト的省察』第五五節)。

したがってフッサールが自我とその体験流に与えた特権は、裏を返せば、その外部に直に触れることができないという限界でもある。この限界をきちんと把握せずに他者の体験流の存在を前提することは、フッサールにとっては不用意な一手であるとされる。

現象学が記述すべき経験の内容は、現象学を遂行する当人が特権的にアクセス可能なものなのだから、記述の主体は一人称単数の「私」でなければならない。たとえ一人称複数の「私たち」への拡張が後から可能になるとしても、それをはじめから前提してはならないのである。

ところで、すでに述べたところから明らかなように、目下の文脈における孤独とは、あくまで自我の存在が特異な地位にあるということであった。したがってそこには、私が「寂しい」という気持ちにあるという含意はない。寂しくなるのは困るが、そうならないのであれば、孤独であることに何の不都合があるのか。いっそ開き直って、独我論を貫くのも悪くないのではないか。

しかしフッサールにとって、独我論は、避けて通ることのできない出発点ではあったが、そこで立ちどまるべき終着点ではなかった。つまり哲学としての独我論には、寂しくなるというのとは別の難点があるということだ。さしあたり挙げられるのは、次の二点である。

†独我論の難点①――日常生活との乖離

独我論の第一の難点は、独我論が私の日常的な経験に根ざしているとは言いがたいということだ。普段の生活のなかで私は、他者と出会い、他者を私とは別の経験の主体と見なしている。他者もまた、私とは別の体験流を生き抜き、私とは別の身体をもち、私とは別の場所から世界を経験しているはずなのである。

「他者などいない」と言い張って独我論を貫くことができるのは、生まれてこのかたいかなる意味でも他者と出会ったことのない人だけだろう。もしそうでないのだとすれば、独我論の立場にとどまるよりも、他者と出会うという経験の解明に向かうほうが建設的であるように思われる。

実際のところフッサールも、「パリ講演」および『デカルト的省察』において、他者と出会うという経験、すなわち「他者経験」がいかなるものかを明らかにしようとしている。

それによって彼は、超越論的経験の主体が複数いるという立場（モナドロジー）へと、みずからの現象学を推し進めようとしたのである。

†独我論の難点②――客観性の消失

独我論の第二の難点は、独我論にとどまるかぎり、対象やその性質の客観性が説明できないということだ。例えば、私が子どもの頃に通っていた小学校は、私にとっては「懐かしい」という性質を帯びているが、それは私の個人的な思い出の反映にすぎない。他方で、その小学校が三階建てであるということは、個々人の来歴や価値観にかかわらず広く同意されるだろう。写真で見ても現地に行ってもよいのだが、階数を数えてみれば、きっとみんなの意見が一致するはずだ。

このように対象やその性質に関しては、ある特定の人だけが認めるものと、みんなが認めるべきものが区別されうる。

フッサールもこの区別を重視して、前者を「主観的」なもの、後者を「客観的」なものと呼んでいる。より正確に言えば、フッサールは、ただ一人の主観だけにとって経験されうるものを「主観的」、複数の主観のあいだで経験されうるものを「間主観的」と呼ぶ。そして、特にそれら複数の主観の範囲が「みんな」にまで拡張されたときに「客観的」なものが成立するのだとされる。ものごとが客観的であるということは、それが「みんなにとって経験可能」であることと同義なのである（『デカルト的省察』第四四節）。

このように間主観性の拡張によって客観性を説明するというのは奇妙な感じがするかもしれない。なぜなら普段の言葉づかいからすれば、客観性は、むしろどんな主観にも依存しないものと考えられているからだ。

例えば『日本国語大辞典』（小学館）によれば、客観性は、「主観から独立して存在する客観（対象）に属し、それに条件づけられている性格」であるとされる。もちろん一般的な語義の説明としては、これにまさるものはないだろう。しかし、対象がそれ自体で存在するという自然的態度での判断を停止する超越論的現象学にとって、「主観から独立して存在する」という説明をそのまま受け入れることはできない。

だからこそフッサールは、対象はそれ自体で存在するのではなく主観の経験において構成されるという主張をしたうえで、その経験が特定の主観ではなくすべての主観にまで拡張されたときに客観性が成立すると考えたのである。そのような客観性は理想にすぎないかもしれないが、学問的探究はこの理想に向かって進んでいると考えられる。

そして、このように客観性が複数の主観を前提しているのだとすれば、経験の主観はただ一人だけだとする独我論においては、「主観的／客観的」という区別がそもそも意味をなさなくなってしまう。したがって独我論を乗り越えることは、現象学を日常的な他者経験に即したものにするためだけでなく、客観性を目指す学問的探究を有意味なものにするためにも必要なことなのである。

†内から外へ

超越論的現象学は私の存在の特権性に気づくところから始まるが、そこにとどまるわけにはいかない。そこにとどまるかぎり、日常生活における他者経験と、学問的探究における客観性が、ともに欠けたままであるからだ。それゆえ日常的に出会われ、私の世界に客観性を与えてくれる他者についての探究（他者論）が、どうしても必要なのである。

こうしてフッサールは「パリ講演」の終盤で他者論に着手することになるが、そこでの議論が十分なものであったとは言いがたい。それゆえ彼は、講演原稿をもとにして『デカルト的省察』を執筆する際に、著作の全体を第一省察から第五省察に分け、第五省察の全体を他者論に割り当てた。そこにおいて「パリ講演」の内容に大幅な加筆がなされた結果、第五省察は、同書の半分近くを占めるほどの分量となった。

おそらくフッサールは、超越論的現象学のなかで他者を扱うことに苦労していた。そのことは、大きく膨らんだ第五省察が他者経験のすべてを論じきれずに終わってしまっていることからも示唆されている。第五省察の他者論の詳細は次章で紹介するが、その成否はさておき、フッサールが他者をめぐる問題に熱心に取り組んでいたことは確かである。

その一方でフッサールの現象学のなかには、自己の内部に沈潜しようとする傾向があくまで残りつづけている。実際「パリ講演」と『デカルト的省察』は、どちらも中世の哲学者アウグスティヌス（三五四〜四三〇）の著作『真なる宗教』の一節を引用して、次のように締めくくられている。

外に行こうとしないで、汝自身のうちに帰れ。真理は人の内部に宿っている。

これはたしかに含蓄深い言葉だが、フッサール自身の超越論的現象学の説明としてはやや語弊がある。これまでも繰り返し述べてきたように、フッサールがすべてを経験との相関関係のうちに引き戻そうとするのは、すべてを自分の内部に取り込むためではなかったからだ。むしろ彼の現象学は、経験が常に新しいものへと開かれており、包み込めない部分を含んでいることを強調していた。

それにもかかわらずあえてフッサールがこの言葉を引いたのは、彼が、自分の経験に収まりきらない外部すら私の内部で構成されるという立場をとったからだろう。そのかぎりで私は、自分の外に直行することはできず、まずは自分自身のうちに戻らねばならないのである。

そしてフッサールは、今や、単に超越的なだけではなく私にとって何にもまして異質なもの、すなわち他者の構成をめぐる問題に取り組んでいる。では、他者はいかなる意味で私にとって異質なのか。そして私の内部に見いだされるもののなかに、私の外にいる他者を示す手がかりはあるのだろうか。次章では、こうした問題を手引きとしながら、私から他者へとつながる突破口を探ってみたい。

第六章

私から他者へ

1　異質なものと固有のもの

†他者の構成の問題

フッサールの現象学は、すべての対象を私の意識のなかに引き戻して、そこでの対象の構成のされ方を問うという手順をとる。したがって前章の終わりで確認したように、現象学は、少なくともその出発点においては、どうしても独我論的であらざるをえない。超越論的現象学の出発点は私たちではなく私であり、私から他者へ至る経路もまた私の側からたどりなおされねばならない。

つまり、他者もまた経験のなかで出会われるものであるとすれば、他者が私に対して与えられる経験が特定され、そこにおいて他者がいかにして構成されるのかが問われねばならないのである。

前章でも述べたとおり、フッサールが生前に公刊した著作のなかで、こうした他者の構成の問題が主題的に論じられているのは、一九三一年刊の『デカルト的省察』である。そこで本章では、この著作の読解を通じて、私の経験が他者に向かうとはどういうことかを考えていきたい。

†なぜ「他者」なのか

ところで今さらながら、「他者」という言い方に違和感をもつ人もいるかもしれない。たしかに日常的に身の回りの人びとのことを「他者」と言うことはほとんどないので、もっと馴染み深い言葉で言いかえることができればそれに越したことはない。

しかし、例えば「他人」と言いかえることには少し困難がある。一般的な言葉づかいで「他人」と言うときには、家族や友人・知人ではない「赤の他人」という意味合いが込められることが多い。しかしここで問題になっているのは、親しい関係にあろうとなかろうと、私とは異なるすべての人のことだ。

それどころか、「人」にかぎらず、経験の主体（主観）と見なすことができるのであれば動物でもロボットでも他者でありうる。親しいかどうかや「人」であるかどうかにかかわりなく使うことができるという意味で、目下の議論においては「他人」よりも「他者」という言い方のほうがふさわしい。

したがって本書では、堅苦しい言葉づかいになることを承知で、あえて「他者」という言葉を用いることにしたい。こうした言葉は何だか仰々しくて、いわば「未知との遭遇」のように私とまったく異質な存在との出会いを連想させるかもしれない。しかしそのような仰々しさは、もしかすると普段の生活のなかでの他者との出会いのなかにも隠れているのではないだろうか。

私と他者のあいだには、どれほど出会いを重ねても埋めることのできない隔たりがある。だとすれば他者には、どれほど親密度が増しても打ち消すことのできない異質性が備わっているのだとも言えよう。

そのような予測を裏づけるかのように、じつはフッサールも、他者のことを、私にとって「異質な（fremd）」者として特徴づけている。フッサールの現象学において「他者経験」と訳されている元々の単語はFremderfahrung、すなわち「異質な（fremd）」者に関する「経験（Erfahrung）」である。

こうした見方に従うならば、朝起きて家族に「おはよう」と言うことも、学校で友人の肩にタッチすることも、すべてが異質な者との遭遇だということになる。ではフッサールにとって、他者が私にとって「異質な」者であるとはどういうことなのだろうか。

†付帯現前化

現象学の立場から「異質さ」を論じるにあたって、現象学の「原理のなかの原理」が何であったのかを思い出しておきたい。第三章で見たように、フッサールの現象学が最も重視するこの原理によれば、ある対象の認識を正当化する（ある対象の認識に関して「これが正しいです！」というお墨付きを与える）のは、当該の対象を根源的に与える直観である。

そして当該の対象を根源的に与える直観というのは、それ以上にさかのぼることができないほどにありありと対象を与えるような直観のことであった。現象学において、対象の異質さの程度は、この根源的に与える直観との距離によって測られるのである。

例えば内在的知覚においては、対象となる私自身の体験（私の喜びや悲しみなど）が私に余すところなく根源的に与えられているので、もはやそれとの距離はかぎりなくゼロに近い。すると私の体験は――たとえそれがどれほど私を当惑させるとしても――私のなかに取り込めないという意味での異質さはもたないと考えられる。それはほかの誰でもなく「私の」喜びや悲しみなのであって、全面的に私の生のなかに取り込まれている。

他方で超越的知覚においては、根源的に与えられるのは常に物の一部分であって、それ以外の部分は与えられない。例えば、いま私の目の前にある文庫本は、表表紙《おもて》に関しては根源的に与えられているが、裏表紙や背表紙に関してはそうではない。だとすれば超越的知覚の対象は、部分的には異質さを残していると言えよう。実際のところ私の文庫本は、私自身の体験に比べれば私との距離がやや大きい気がする。私の体験が私のものであるということと、私の所有物が私のものであるということには、やはり違いがあるのだ。

話を整理するために、ここで一つの用語を導入しよう。『デカルト的省察』の第五〇節において、フッサールは「付帯現前化（Appräsentation）」という耳慣れない言葉を用いている。「ap-（ad-）」は、あるものが別のものに伴うこと、すなわち「付帯」することを表す接頭辞であり、Präsentation は何かを「現前させること」、つまりありありと目の前に与えることを意味する単語である（したがって日本語では、「Appräsentation」は「付帯現前化」と訳されることが多い）。こうした基本的な意味を踏まえて、フッサールはこの語を、対象のある側面が別の側面を付帯的に現前させることを表すために用いている。

例えば、先ほど述べたように文庫本の表表紙が根源的に与えられている（現前している）とき、この表表紙は、文庫本の裏表紙や背表紙を付帯的に現前させている。知覚の場面で「これは文庫本の表表紙だ」と思うときには、まさに表表紙を一側面として含む文庫本の全体が意識されている。この全体のなかでまだ与えられていない部分（裏表紙や背表紙）は、根源的に与えられている部分（表表紙）を介して、いわば間接的に与えられている。「付帯現前化」という言葉で表されているのは、そのような間接的な与えられ方なのである。

†異質さを残しつづけるもの

ここまで述べてきたことから明らかなように、付帯現前化は特に珍しい出来事ではなく、超越的知覚において一般に認められる特徴である。物を知覚するとき、私たちは根源的に与える部分を超えて全体を先取りしている。そのような先取りがなされているときには、いつでも付帯現前化が生じているのである。

さらにフッサールによれば、目下問題になっている他者経験においても、付帯現前化が重要な役割を演じているとされる。他者を経験するというのは、テレパシーによって他者の心と直接交信するということではない。たしかに他者の心は、直接に目で見たり手で触れたりすることができない。しかし身体や言葉や作品のように直接知覚できる媒体を通じて他者の心が間接的に与えられること、つまり付帯的に現前することはありうる。

他者の笑顔は喜びの感情を付帯現前化し、身体の震えは寒さの感覚を付帯現前化する。そこで付帯的に現前している喜びや寒さを他者が実際に抱いているかどうかは別として、私は、他者の笑顔や震えを単なる表面的な現象としてではなく、「喜んでいる顔」や「寒そうな震え」という全体として捉えている。文庫本の表表紙と一緒に裏表紙を意識するときと同じように、ここでは直接与えられていない部分を含んだ全体が意識されているのである。

したがって超越的知覚と他者経験は、付帯現前化という構造を共有している。ただしそれらの間には看過できない違いもある。それはすなわち、超越的知覚においては付帯的に現前している部分があとから根源的に与えられることがあるのに対し、他者経験においてはそうではないということだ。だからこそフッサールは、すでに『イデーンI』において、他者の体験が私に根源的に与えられることはないという点を強調していたのだ（本書一二七ページ）。

本をひっくり返せば裏表紙を見たりそれに触れたりすることができるが、他者をひっくり返しても、当人が感じているとおりの喜びや寒さが私に根源的に与えられることはない。つまり私が他者の表情や振る舞いのうちに読み取った感情や感覚は、それ自体が根源的に与えられることがありえないという意味で、私にとって異質でありつづけるのである。

単なる物と他者とのあいだにはどのような違いがあるのか。この問いに対してフッサールは、異質さの程度が違うという答えを用意している。そしてすでに述べたように、他者として経験されるものは人間だけであるとはかぎらない。さらに言えば、他者とそうでないものの区別が、生物種の違いに応じて決まっているわけではない。

むしろフッサールによれば、他者とそうでないものの区別は、それがどのように経験されるかに応じて決まっていると言うべきだろう。どんなふうに近づいても根源的に与えられない部分が残りつづけることを私が思い知るとき、対象が私にとって決して到達できないほどに異質なものとして、すなわち他者として経験されるのである。

たしかに、言葉や表情に付帯しつつ現前することで、他者の思考や感情は私の手の届きそうなところまで近づくかもしれない。しかし、そうした思考や感情が存在するという確信が「本に裏表紙がある」という確信と同じレベルで得られることはない。他者は、どこまで近づいたとしても、届きそうで届かないところにいるのだ。

もし私にとって、人間だけでなく動物やロボットがそんなふうに与えられるのであれば、そのとき私は動物やロボットを他者として経験しているのである。

†他者との出会い

今しがた述べたとおり、他者とは、異質さを残しつづけるものである。だとすれば、他者を私のものにすることは、物を私の所有物にすることよりも一層むずかしい。むしろ他者は、私にとって異質な部分を残しつづけるという意味で、決して私のものにならない存在であるとも言えよう。そのような異質な部分を無視するならば、私は他者を物として扱っていることになる。それはすなわち、私と他者の関係の破綻を意味する。

他者を他者として遇するかぎり、私はその異質さを消し去ることはできないし、消し去ろうとすべきでもない。それにもかかわらず、ときに私は、他者と自分のあいだにある隔たりを埋めたいと欲することがある。

しかしそのように欲するあまり、他者の気持ちについて「いま◯◯だと思っている／感じているに違いない」と決めつけることは、他者経験の完成であるというよりはむしろ失敗である。こちらが一方的に決めつけることができない部分、つまり付帯的にしか現前しない部分を不可避的に含んでいるからこそ、他者は他者でありつづけるのだ。

一方的に決めつけることができない部分が付帯的に現前することは、ときに私たちの心をかき乱す。相手の表情に少し翳《かげ》りが見えたり、声のトーンが少し落ちて聞こえたりするだけでも、私たちは「何かあったのではないか」と思い、その何かがわからずに落ち着かない気持ちになることがある。また、家族や恋人のことを何でも知りたいと思う人は、相手の仕草や言葉の端々から不安感や嫉妬心を抱くことがあるかもしれない。

ここで、フッサールが他者経験に与えた特殊な位置づけについて思い出してほしい。経験は一般に、個別的なものごとを私に根源的に与えるはたらきとして理解されるが、他者経験に限っては、その対象である他者の体験が根源的に与えられることがないとされる。つまり他者経験とは、根源的に与えられないものに出会うという特異な経験なのである。「根源的に与えられないものに出会う」というのは奇妙な感じがするが、それが決して絵空事ではないということは、普段の生活を振り返ってみればわかるはずだ。つまり、私たちが日々の生活のなかで人間関係に悩んだり苦しんだりするということが、他者と出会っていることの何よりの証左なのである。そしてその悩みや苦しみの多くは、他者の考えや気持ちが私の側では確定できない（根源的に与えられない）ことから生じるのではないか。

こうした他者経験の基本的な枠組みをなしているのは、「見えている外側が身体、見えない内側が心」という単純な「内と外」の二元論ではない。内側の心は、もしそれが外側とのつながりを完全に欠いた状態にあるならば、そもそも自他関係のなかで問題になることがないからだ。何の手がかりもないところでは、他者の心が秘められたものや隠されたものとして私に意識されることすらないだろう。

むしろ自他関係のなかで互いの問題になっているのは――あえて「外側」と「内側」という言葉を使うのであれば――外側と不可分に結びついたかぎりでの内側である。それは、身体や言葉という媒体と切り離すことができないという意味では現れているとも言えるが、それ自体が根源的に与えられることはないという意味では隠れているとも言える。そのような見え隠れの状態こそ、フッサールが「付帯現前化」という言葉で表現しようとしたことであった。

†超越論的な他者経験の理論

ここまで付帯現前化についてさまざまな角度から考えてきたのは、一見すると馴染みのないこの概念を、私たちの日常的な経験のなかに落とし込んで理解するためであった。そしてそれは、これからフッサールの『デカルト的省察』第五省察での他者論の展開を追っていくためにも不可欠なことである。

そこでまずは、フッサールが何を目ざしているのかを確認しておこう。他者経験の対象は、私にとって根源的に与えられる部分(他者の物的側面)と、それに伴って現前するが根源的に与えられることがありえない部分(他者の心的側面)からなる。私たちは他者のことをこれらの部分からなる複合体として捉えているのだが、この複合体のなかには、決して根源的に与えられることがありえない部分——私にとって異質でありつづける部分——がいつのまにか含まれてしまっている。

超越論的現象学の立場からこの他者経験の仕組みを解明するということは、この「いつのまにか」という過程を解明するということである。日常的な他者経験のなかでは付帯現前化が暗黙裡に作動しているのだが、現象学は、それが作動する仕組みを順番に説明していかねばならないのだ。こうして『デカルト的省察』第五省察においては、「超越論的な他者経験の理論」を作るという課題が示される（第四三節）。

†固有の領分への還元

では、超越論的な他者経験の理論を作るためには何をすればよいのだろうか。フッサールによれば、そのために必要なのは、かつて超越論的現象学の立場に至るために行ったのと同様の「エポケー」と「還元」という操作である。

第二章で述べたように、エポケーとは一般に「判断停止」を意味する。ただし『デカルト的省察』第五省察においては、すでに自然的態度から超越論的態度への移行が完了している。すなわち、自然的態度における「世界が私の経験に依存せずに存在している」という判断は一時的に停止され、あらゆるものが経験との相関関係のなかで捉えられているのである。

では、その上に重ねていったい何をエポケーしろと言うのか。フッサールの答えは明確である。すなわち彼は、他者経験のなかにいつのまにか入り込んでいる異質なものについての判断を一時停止することを求めているのである。

他者経験のなかに含まれている異質なものは、超越的知覚のなかに含まれている異質なものとは異なり、それ自体が根源的に与えられることがない。だとすればこの異質なものの構成をめぐる問題は、「あるものの構成を、それを根源的に与える直観を特定することで説明する」という定石（本書一一九ページ参照）に沿って解くことができない。

ほかの種類の経験（超越的知覚、内在的知覚、価値覚）とは異なり、他者経験にかぎって特別なエポケーが必要となる理由はここにある。「根源的に与えられることがありえないのに、いつのまにか付帯現前しているもの」の秘密を解き明かすために、いったんそれを前提することを止めて、探究の主題としなければならないのである。

こうした新たなエポケーを通じて探究の領分を限定することを、フッサールは「固有の領分への還元」と呼ぶ。ここで「固有」というのは、自己に根源的に与えられうるものだけを含んでいるということ、言いかえれば「異質ではない」ということだ（『デカルト的省察』第四四節）。

第二章で見たように、超越論的還元とはすべての対象を経験の側に引き戻す操作であり、その際に何かを足したり引いたりするわけではない。これに対して目下話題になっている固有の領分への還元は、超越論的還元によって得られた領野（超越論的経験の領野）のなかから、異質なものとそれに向けられた志向性を差し引く操作である。フッサール自身が述べているように、それは何かを差し引くことで残った部分を抽出する操作、すなわち「抽象」なのである（『デカルト的省察』第四四節）。

超越論的還元が「引き戻し」であるのに対し、固有領分への還元は「抽象」である——この違いを考慮するならば、二つの操作を同じ「還元」という言葉で表すことには語弊があると言わざるをえない。それにもかかわらずフッサールがこの用語にこだわった理由は、それによって自らの現象学の方法の一貫性をアピールしたかったからなのかもしれない。だとしても私たちは、言葉づかいから受ける印象に惑わされることなく、フッサールが新たな「還元」によって身を置いている場所に何があるのかを、慎重に見きわめていかねばならない。

†固有の領分には何があるのか

固有の領分への還元を行うことで、それ以前に超越論的経験の領野に含まれていた異質なものはいったん取り除かれる。しかしそれは、フッサール自身が述べているように、ペストなどの疫病によって自分以外の人間が滅亡してしまった状況を思い浮かべるということではない（『デカルト的省察』第四四節）。

先述のとおり、抽象されるのは私にとって異質でありつづける部分だけなのだから、目の前にある人間が全面的にいなくなるわけではない。目の前にいる人間のうち、根源的に与えられる部分（見たり聞いたりできる部分）は、相変わらず与えられつづけているのである。ただし、それに付帯現前する他者の感覚や感情は、注意深く取り除かれねばならない。

日常的な他者経験において、私は、目に見えるものを他者の表情として、耳で聞こえるものを他者の声として受け取ってしまっている。いったんそれを停止するということは、もはやそれらを身体や声としては受け取らずに、ただ直接に目に見えたり耳で聞こえたりするだけのものとして受け取るということである。つまりここで想定されているのは、かつて他者として把握されていたものが、表向きは何も変わっていないのに、もはや他者として把握されていない状態なのである。

さらに言えば、他者がいない状況では世界の客観性は失われる。第五章ですでに見たように、フッサールは、客観性を間主観性（複数の主観のあいだでの経験可能性）の極限として、つまり「みんなにとっての経験可能性」として理解しているからである。

したがって、他者の存在が自明ではなくなった状況においては、あらゆるものごとの客観性も失われる。つまり、すべては私にとって経験可能なものにすぎなくなるのである。

繰り返し述べてきたように、ここでフッサールが想定している固有の領分というのは、私以外の人間が滅び去った状況ではないし、ロビンソン・クルーソーのように私が無人島に一人で漂着した状況でもない。そのような状況であっても、例えば私は目の前にあるリンゴの木に対して、「もしここに他の人がいたら私と同じようにこのリンゴの木を経験することができるだろう」という可能性を考慮に入れたうえでリンゴの木を経験している。このとき、「もしここに他の人がいたら」という仮定は、反実仮想であってもかまわない。周りに私以外の人間が誰もいない状況においても、世界の客観性が失われることはないのである。

これに対して固有の領分に見いだされるものは、表面上はその領分に還元される前に見いだされるものと何も違わない。しかし、その表面に織り込まれていた異質性と客観性は一時的に取り除かれている。「一時的に」という言い方をしたのは、ここでの議論の目的はむしろそれを取り戻すことにあるからである。

以下でフッサールが試みることになるのは、固有の領分に見いだされるもの（根源的に与えられうるもの）だけを用いて、異質性（および、その担い手としての他者）がいかに与えられるかを説明することである。それこそが異質性を私の経験の範囲内に取り戻すということであり、他者経験を説明するということなのである。するとそれにもとづいて、世界の客観性もまた回復されるだろう。

2 エンパシー

†触発と把握

他者経験を説明するためにフッサールが手がかりとするのは、経験の基本構造となる五項関係、すなわち「私」が「感覚与件」を「把握」することでそれが何かの「現れ」として機能し、それを介して「現れるもの」についての経験が成立するという構造である（詳しくは第二章、第四章を参照）。

そこで、他者経験をこの五項関係に沿って考えてみよう。例えば、目の前に私に外見上よく似た物体があるとする。このとき、それを他者の身体としてあらかじめ前提するような見方は一時停止している。したがって私たちは、五項関係に即して他者経験がどのように成立するのかを、順を追って説明していかねばならない。

まず目下の状況においても、感覚与件は与えられている。例えば当該の物体を見れば視覚的な与件が、触れば触覚的な与件が与えられるだろう。問題はそれを把握する段階である。まさにそれを他者の身体として把握しているのだ、と言えば話は終わりなのだが、残念ながら事情はそれほど単純ではない。

目の前にあるものは、外見上はただの物体なのだが、他者経験においては感覚や感情を宿した身体として把握される。ではどうして、私はそれを単なる物体ではなく身体として把握するのか。

こうした問題に取り組むうえで重要なのは、経験の場面でなされる把握が、私の好き勝手にできるものではないという点だ。「感覚与件を〇〇として把握する」という言い方をすると、あたかも私にイニシアチブがあるかのように見えるが、経験の実情はそうなってはない。

私がどれほど「まだ一文字も書けていないなんて何かの間違いだ」と念じていても、与えられる感覚与件を「真っ白な原稿用紙」の現れとして把握せざるをえないことはある（本書執筆中にも時々あった）。それと同じように、目にとびこんでくる姿や手で触れたときの感触を、他者の身体の現れとして把握せざるをえないこともあるだろう。たとえ後からそれが錯覚であることが判明するとしても、経験は、まさにそれが生じている時点においては、否応なく特定の内容をもって成立しているのである。

こうした経験の否応なさを説明するために、フッサールは、一九二〇年代ごろから「受動的綜合」という発想を自分の現象学のなかに導入することになる。これは、私が感覚与件を能動的に把握する（取りまとめる）という意味での「能動的綜合」と対をなす用語であり、私の把握に先立って、感覚与件が一定の仕方でまとまるという状況を表している。

そのような綜合は、私がその結果をひとまず受け入れるしかないという意味で、私にとっては受動的である。もちろんその後で私が能動的綜合を遂行することはありうるが、それは受動的綜合の結果を踏まえてのことである。このようにして経験を成り立たせる綜合を二段階に分けて考えるというのが、この時期のフッサールの採った方針であった。

受動的綜合は、読み慣れた文字がパッと目に入るときのように習慣によって成立することもあれば、自然と模様が見えるときのように習慣に依存せずに成立することもあるだろう。いずれにせよ、受動的に綜合された感覚与件は、それを一定の仕方で把握するように私を引き込んでくることになる。そのような感覚与件の側からの引き込みのことを、フッサールは「触発（Affektion）」という言葉で表している。

†対化

そのような触発にはさまざまな形態がありうるが、特に目下の議論との関連においては、フッサールが「触発的コミュニケーション」と呼んだものが重要である。これは、ある感覚与件のグループが及ぼす触発の力と、それに類似した他の感覚与件のグループが及ぼす触発の力が互いを高め合うという出来事である。

フッサールがそのような対象の例として挙げているのは「色」「音」「リズム」などである。ここで想定されているのは、例えば複数の楽器が四分の四拍子で演奏されているときに、そのリズムが、一つの楽器しかないときよりも強く感じられるという状況だろう。

触発的コミュニケーションとは、感覚与件のグループどうしが互いの触発の力を高め合うように関係づけられることであった。一九二〇年代に登場するこの概念は、『デカルト的省察』においては「対化《ついか》」とも呼ばれるようになる。触発的コミュニケーションにおいては、二つの感覚与件のグループどうしが、ひいてはそれを把握することで構成される対象どうしが「対《つい》」を、すなわち「ペア」をなすというわけである。

興味深いのは、フッサールが、このペア関係を色や音やリズムのあいだだけでなく、私の身体と、それによく似た他の物体のあいだにも見いだしているということである(『デカルト的省察』第五一節)。

例えば、私の手と、それによく似たものを見比べるという状況を考えてみよう。このとき私の手についての視覚的な感覚与件は、おのれを「手」として把握するように私を触発してくる。するとそれと対をなすものの視覚的な感覚与件を「手」として把握するように促す触発の力も、対化によっていっそう強まるだろう。

そのままなら単なる物体として把握されてもおかしくない感覚与件が、私の手の感覚与件と対をなすことによって、それ自身も手として把握するように私を触発してくるようになる。そのような触発を通じて、私はその感覚与件を、私の手に似たものとして、すなわち他者の手として把握するのである。

†類比による把握

あるものを他者の手として把握するとはどういうことか、さらに立ち入って考えてみよう。私は、私の手を単なる物体としてだけでなく、さまざまな種類の感覚を宿したものとして把握してもいる。

例えば、いま机の上に乗せられている私の手には、机に触れているという感覚や、机のひんやりした温度についての感覚が宿っている。また、手を挙げたり振ったりするならば、手が動いているという感覚（キネステーゼ）を、まさに自分の手において感じることになるだろう。

私はそれらの感覚を自分で感じているが、他者の手において同様の感覚を直接に感じることはできない。それにもかかわらず目の前にあるものを他者の手として把握するとき、私は、物体的な現れ（目で見たり手で触れたりできる部分）に加えて、他者自身が感じているはずの感覚がそこにあると見なしているのである。

話を整理しよう。私の身体の側には、①物体的な現れと②感覚のセットがあり、どちらも直接にアクセスできる（①は目で見たり手で触れたりでき、②は身体の特定の部位において感じることができる）。他方で他者の身体の側にも、①′物体的な現れと②′感覚のセットがあると見なされているが、私が直接にアクセスできるのは①′だけである。それにもかかわらず②′があると見なすということは、そこに一種の類比（アナロジー）がはたらいているということである。①に②が伴い、①と①′が似ていることから、①′に②′が伴っていると見なされるのである。

ただしフッサールは、他者経験における類比が、段階的な推論を経ていないという点を強調する。むしろ他者経験における類比は、感覚与件を把握するときに一挙に行われるのだとされる。つまりそこでは、他者の感覚が他者の物理的な現れのうちにただちに見てとられるのである。それゆえ他者経験において行われているのは、類比による推論（類推）ではなく、「類比による把握」であるとされる（『デカルト的省察』第五〇節）。

こうしてフッサールは、「対化」と「類比による把握」という概念を用いて、最も基礎的なレベルでの他者経験を説明している。他者経験が異質なものの付帯的な現前によって一般的に特徴づけられるというのは先に述べたとおりであるが、目下の事例において問題になっているのは他者の感覚の付帯的な現前である。

すなわち、他者の物体的な現れが感覚を付帯現前化するということは、私の身体に関する感覚与件と他者の物体的な現れに関する感覚与件のあいだの「対化」にもとづいて、私が後者を、「類比による把握」を通じて、感覚を備えた身体と見なすということなのである。同様の説明は、感情の付帯現前化（例えば、顔の表情による喜びや悲しみの付帯現前化）にも当てはまるだろう。

†エンパシー（感情移入）

ここまで論じてきたのは、最も基礎的なレベルでの他者経験、すなわち他者の物体的な現れを通じて、そこに感覚や感情があると見なすことであった。フッサール自身、このレベルでの他者経験が私と他者を結びつける「最初で最低の段階」であると明言している（『デカルト的省察』第五六節）。

たしかに、目の前にあるものが単なる物体ではなく身体であるという気づきによって、すでに最低限度において他者との関係が結ばれていると言えるだろう。ただし私と他者の関係がさらに進展していくことがある以上、そのなかで別種の他者経験が成立する可能性は否定できない。

ところでフッサールは、『デカルト的省察』の第五省察において、この最も基礎的なレベルでの他者経験を、ドイツ語でEinfühlungと呼んでいる。これは「感じる」を意味する動詞のfühlenを名詞化したうえで、「○○のなかに」を意味する接頭辞のeinを付けた単語である。したがってEinfühlungは、基本的には、他者「のなかに」感覚や感情などの「感じ」を移し入れるというはたらきを意味している。それゆえこの単語は、日本語においては、「感情移入」と訳されることが多い。

ただし、Einfühlungの訳語として「感情移入」を使うことには問題もある。以下、懸念される問題を二つ挙げておこう。

第一に、「感情移入」というと、ここで問題になっているのが感覚ではなく感情だけであるような誤解が生じてしまう。だが実際のフッサールの論述において、身体に伴う感覚や感情が幅広く論じられていたことはすでに見た通りである。

第二に、「感情移入」は、一般的な言葉づかいにおいては、自分も相手と同じような気持ちになるという含意が含まれている。「映画の主人公に感情移入して、ラストシーンでは思わず泣いてしまった」といった言い回しは、日常的にもよく用いられる。しかしここまでの説明から明らかなように、フッサールの言う意味でのEinfühlungは、あくまで相手の側に一定の感覚や感情があると見なすはたらきであって、自分も同じ感覚や感情をもことまでは含意していない。

したがって例えば、相手が悲しんでいることはわかるが自分はまったく悲しくないという場合であっても、Einfühlung は成立しているのである。そのような事態を「感情移入」という言葉で表すのは、日本語としてはやや不自然な感じがする。

ちなみに、Einfühlung というドイツ語の単語を訳すのに苦労しているのは、日本に限った話ではない。もともとこの語は、一八七三年にドイツの哲学者ローベルト・フィッシャーが、対象に身体や心があると見なすような投影のはたらきを表すために用いたことなどをきっかけにして、徐々に浸透していったようである。特にフッサールは、心理学者テオドール・リップスが『心理学の手引き』（一九〇三年）のなかで、他の個体を認識するはたらきを Einfühlung と呼んだことに影響を受け、この語を自分の現象学のなかに取り入れている。

こうしたドイツの動向は英語圏にも影響を与え、二〇世紀初頭から哲学、心理学、人類学などの分野で、Einfühlung の訳語として「エンパシー（empathy）」が用いられるようになった。「エンパシー」という単語自体はもともとあったのだが、それが一般に浸透するようになったきっかけは、Einfühlung の訳語としてであったのである。

こうした歴史的背景を踏まえ、本書では、Einfühlung の訳語として、「感情移入」ではなく「エンパシー」というカタカナ表記を用いることにする。「エンパシー」という表記を採用するのは、ドイツ語をそのままカタカナ表記するよりは馴染みやすく、また日本語の「感情移入」の一般的な用法に引っぱられることもないからである。わかりやすい言葉づかいではないかもしれないが、苦肉の策としてこの語を使わせてほしい。

†反論①——対化は本当に起こっているのか

『デカルト的省察』の第五省察で提示されたエンパシー論は、「対化」と「類比による把握」という概念を用いて、異質なもの（他者の感覚や感情）が付帯的に現前していると見なすというはたらきを説明していた。

しかしこうした議論に対して、肩透かしを食らったように感じる人もいるかもしれない。固有の領分への還元によって他者経験を解明するという大がかりな問題設定に比べれば、解答編が少々物足りないように思われても無理はない。

実際のところ、『デカルト的省察』の公刊から現在に至るまで、同書のエンパシー論は数多くの批判にさらされてきた。その急先鋒は同書のフランス語訳者の一人でもあったレヴィナスであり、彼自身は「顔」という独自の概念をキーワードとした他者論を後年に展開することになる。フッサールの『デカルト的省察』は、他者に関する問題を解決したというよりも、むしろ現代に至るまでの他者をめぐる論争の発端となったのである。

そうした論争のすべてを紹介することはできないので、ここでは、『デカルト的省察』のエンパシー論に対して当然提起されるはずの反論を二つ挙げるにとどめたい。

第一の反論は、「対化」という概念がどうも怪しいというものである。ここでフッサールは、能動的な私の把握に先立つ受動的な領分に足を踏み入れているが、そこで実際に対化という出来事が起こっていることをいかにして裏づけることができるのか。そのような裏づけがないかぎり、フッサールの主張は単なる思いつきの域を出ないように思われる。

たしかに私たちは、受動的な領分で起こっていることを自分で逐一意識しているわけではない。それが想定されるのは、私たちがある対象と他の対象とを能動的なレベルで対（ペア）として把握しているからである。そのような能動的な対（ペア）の把握を行っているという事実を踏まえて、それを支えるはたらきとして、感覚与件の受動的な綜合のレベルでの対化が想定されるのである。

しかしそのような想定の説得力を増すためには、フッサールが対化（触発的コミュニケーション）と呼んでいた出来事が、色や音の知覚において、また自他の身体が一緒に居合わせている場面で本当に生じているのかどうかを実証的に確かめることも必要だろう。この点で、現象学は心理学の研究の成果を決して排除しない。

フッサール自身も、超越論的還元を行うか否かによって超越論的現象学と現象学的心理学を区別しつつも、後者の成果を前者に取り入れることを認めている。例えばフッサールが対化を「連合」の一種だと述べていることは、心理学との協働の可能性を示唆しているだろう（「連合」は当時の心理学において盛んに用いられた概念であった）。「対化」を主軸としたフッサールのエンパシー論が成功しているかどうかについては、たしかに検討の余地がある。しかし彼が『デカルト的省察』で提示したのは大まかなスケッチであって、その欠落は私たち自身の経験に照らして、さらには心理学の実証研究の成果に照らして補完していくことができる。その際、場合によっては、大幅なアップデートが必要になることもあるだろう。

†反論②――他者は結局のところ私のコピーなのか

第二の反論は「類比による把握」に関わっており、議論の細部をアップデートして済むものではないという点で、第一のそれよりも深刻なものである。それはすなわち、フッサールの他者論が他者を私のコピーとして扱ってしまっており、他者の異質さを捉えそこねているという反論である。

フッサールはエンパシーが類比による推論ではないと述べているものの、それが一種の類比（類比による把握）であることは認めている。このとき類比関係にあるのは、私の身体と他者の身体である。そして私は、私の身体を手がかりとして、そこにいる他者の身体のうちに、「もし私がそこにいたら」生じるであろう感覚や感情を移し入れるのである（『デカルト的省察』第五三節）。

そのように私の身体の側に生じるであろうものを移し入れているという意味で、類比によって把握される他者の身体は、「ここ」にある私の身体を「そこ」に反映させたものにすぎない。ということは、エンパシーによって私が到達したのは、所詮は私のコピーにすぎないように思われる。だとすればフッサールのエンパシー論は、他者経験（私にとって異質でありつづけるものについての経験）の説明としては失敗しているのではないか。

こうした懸念は、他者経験とは何かという根本的な問題に関わるという意味で、きわめて深刻なものである。たしかに『デカルト的省察』における「類比」をめぐる議論は、他者の異質さに踏み込むことを避けているような印象を与える。しかしここで指摘しておきたいのは、すでにフッサール自身が、こうした懸念を先取りするかのような発言をしているということだ。やや長くなるが、重要な箇所なので引用してみたい。

自我としての私にとって特別に固有のもの、すなわち純粋に私自身のうちにあって私自身にとって閉じた固有性のうちにあるモナドとしての私の具体的存在は、ほかの各種の志向性と同様に、異質なものに向けられた志向性をも含んでいる。ただしさしあたりは、方法上の理由から、その志向性の綜合の成果（私にとっての異質なものの現実性）が、主題的に遮断されたままであるべきなのである。このように際立たせられた志向性においては、私のモナド的な自我をその自己固有性に関して逸脱するような新たな存在意味が構成される。そしてある自我が、自我自身としてではなく、私自身の自我すなわち私のモナドに鏡映される自我として構成されるのである。しかしこの第二の自我は、端的に現に存在していて本来的にそれ自体で与えられるのではなく、他我として構成される。その際に、この他我〔アルター・エゴ〕という表現に含まれる部分として示されている我〔エゴ〕というのは、私の固有性における自我自身のことである。他者は、構成されたその意味に即して私自身へと指示を向けており、他者は私自身の鏡像であるが、本来的には鏡像というわけではない。他者は私自身の類比物であるが、やはり通常の意味での類比物というわけではない。（『デカルト的省察』第四四節）

順番に解説していこう。まず引用文の冒頭に出てくる「モナド」とは、超越論的還元を施したあとの経験の主体、すなわち自分自身の体験流を通じて生きている者のことであった（詳しくは第五章を参照）。ここでは、固有の領分への還元を経て、そのようなモナドにとって異質なものが遮断された状況が描き出されている。そのような状況こそが他者経験の理論の出発点であるということは、これまで述べてきたとおりである。

ただし他者経験の成果としての異質なものを遮断したとしても、異質なものに向かう志向性が私の固有の領分にあることは否定できない。志向性とは意識の性質であり、私の意識（志向的体験）は、まぎれもなく私の体験流の一部をなしているからだ。

そのうえで引用文において述べられているのは、この意識（志向的体験）のなかで、さしあたり他者が「第二の自我」として、すなわち第一の自我である私からの類比によって描き出された「他我」として構成されるということだ。

ここで「他我」と訳した言葉は、原文では「アルター・エゴ（alter ego）」というラテン語で表記されている。alterは「他の」、egoは「私、自我」を意味している。したがって「他我（アルター・エゴ）」という言葉は、さしあたり私に意識されている他者が、私（エゴ）の派生形態であることを露骨に表している。

もしここでフッサールが、他者は私の派生形態としての「他我」にすぎないと主張しているのだとすれば、まさしく先述の第二の反論が当てはまるだろう。しかし引用文においてフッサールは、「他者」が「他我」に収まるものではないということを示唆している。

つまりフッサールは、暫定的に他我として捉えられたかぎりでの他者と、エンパシーの最終目標としての他者を区別し、前者が「類比物」や「鏡像」だとしても後者はそれに尽きるものではないと述べているのである。

†フッサールのエンパシー論の意義

以上の説明を踏まえて、この引用文に対して一つの解釈を与えてみたい。

フッサールは一貫して、私が他者そのものを直接に捉えるような能力をもっていないという前提で議論を進めている。そのうえで私は、私に固有の経験の範囲内に一つの鏡像（類比物）を描き出すことはできる。ただしそれは、他者を私の自我の鏡像（類比物）、すなわち他我に押し込めることではない。むしろ私は、他我という鏡像（類比物）を見ることによって、かろうじてそこから溢れ出す異質なもの、すなわち他者について語ることができるのである。

右の引用における「他者は私自身の鏡像であるが、本来的には鏡像というわけではない」「他者は私自身の類比物であるが、やはり通常の意味での類比物というわけではない」という一見謎めいた言い回しは、前段落で述べたことを踏まえれば理解できるだろう。

もし私という本体の鏡像（類比物）となったかぎりでの他者（他我としての他者）が正真正

銘の鏡像（類比物）なのだとすれば、私と他我だけで話は済むはずである。鏡に映すことは映す者と映った像という二者関係であり、類比も、あるものとそれに似たものの二者関係だからだ。

しかし他者経験において私の志向性が向かっているのは、本体でも鏡像（類比物）でもない「異質なもの」という第三のものである。他我は、この異質なもの、直接アクセスできないものに近づくための手がかりとして置かれたものにすぎない。

だとすればフッサールのエンパシー論は、一見すると私のコピーである他我（鏡像・類比物）を主題としつつも、実際にはそれを介して志向性が向かっている他者（異質なもの）を問題にしていたのだと解釈できる。フッサールの他者論は、これら三者の関係に即して展開されているのであって、そこで異質なものが考慮されていることを見落とすべきではない。

超越論的現象学の立場から他者を論じるということは、他者をほかの対象と同様に、さしあたりは私の経験において構成されたものとして捉えるということである。するとこのとき、他者は私の派生形態である他我に格下げされる。これに対して「本当の他者はそんなものじゃない」という思いを抱くのは当然のことだが、そのような思いを筋道立てて表現するためにこそ現象学を利用することができる。

『デカルト的省察』第五省察においてなされた異質なもののエポケーは、他我として捉えられたかぎりでの他者と、他我の枠内に収まらない他者との差異を際立たせることを可能にする。フッサールが使った鏡の比喩を用いて語るならば、ここで目指されているのは、鏡に映らないものがあることに気づくことである。そのためにもまずは、何が鏡に映るのかを慎重に確かめておかねばならないのである。

3 コミュニケーション

†エンパシー論からコミュニケーション論へ

フッサールが『デカルト的省察』で着目したのは、エンパシーという種類の他者経験であった。しかしそれが私と他者の結びつきの「最初で最低の段階」（本書二四一ページ）と言われていたことからも明らかなとおり、エンパシーを踏まえてさらに別種の他者経験が成立する可能性が否定されているわけではない。

実際のところ、フッサールの生前には未公刊であった草稿のなかには、エンパシーとは別の種類の他者経験についての記述が散見される。とはいえ草稿の解釈に入り込むことは入門書の範囲を逸脱することになるので、ここでは概要を示すにとどめておきたい。

まず確認すべきは、エンパシーとは別種の他者経験は、コミュニケーションのなかで生じるということだ。ここでコミュニケーションとして考えられているのは、エンパシーを支えている対化（触発的コミュニケーション）のことではなく、一般的な意味でのコミュニケーション、すなわち言葉やジェスチャーを介したやり取り全般のことである。そうしたコミュニケーションの媒体となるのは、何かを伝えたいという意図をもって私が発するすべてのもののことであり、フッサールはそれらを「表現」と総称している。

そのような表現のやり取りのなかで他者経験が起こることは、エンパシーについてのフッサールの説明を踏まえれば容易に理解できるだろう。エンパシーにおいては、他者の身体の現れを通じて、そこに付帯的に現前するかぎりでの感覚や感情が他者の側にあると見なされる。しかし何かを伝えようという意図をもって発せられた表現を通じて、感覚や感情が、さらには任意の体験が他者の側にあると見なすこともできるはずである。

例えば、手で扇ぐというジェスチャーは暑さの感覚が他者の側にあることを伝え、「窓を開けてくれるかな」という言葉は、窓を開けてほしいという願望が他者の側にあることを伝える。感覚そのものや願望そのものは、直接に与えられることがないという意味で私にとって異質なものである。すると、表現を通じてそれらの存在に気づくことは、異質なものについての経験、すなわち他者経験であると言えるだろう。
したがって現象学は、第一の他者経験（エンパシー）に加えて、コミュニケーションのなかで生じる第二の他者経験について論じることもできるはずである。フッサール自身は公刊著作のなかでそれを示唆することはあるものの、それに明確な名称を与えているわけではない。そこで以下では、それぞれを他者経験①、他者経験②と表記したうえで、以下のように定義しておく。

【他者経験の分類】
・他者経験①（エンパシー）
何かを伝えようという意図を欠いた他者の身体の現れを通じて、そこに付帯的に現前するかぎりでの感覚や感情が他者の側にあると見なすこと。
・他者経験②（コミュニケーションにおける他者経験）
何かを伝えようという意図をもって他者が発した表現を通じて、それによって表現されるかぎりでの任意の体験が他者の側にあると見なすこと。

したがってフッサールの他者経験の理論は、エンパシー論だけでなくコミュニケーション論を含んだ、二部門からなる理論なのである。

†私と君

さらに言えば、他者経験①と②の境目をなすもの、すなわち「何かを伝えようという意図」とは何なのかを考えることも重要だろう。なぜなら、それが見て取られたり聞き取られたりすることによって、それまでは単に現れているだけであったものが、何かを表すものになるからだ。

とりわけこの意図が謎めいたものであるのは、現れるものと何かを表すものが、外見上はまったく区別がつかないことがありうるからである。例えば、まぶたを閉じるという他者の身体動作は、ただのまばたきなのか、それとも私に何かを伝えようという意図をもって発せられた目配せなのか、外見上は区別がつかないことがありうる。視覚的な現れにかぎらず、うめき声と助けを求める呼び声という聴覚的な区別に関しても同様のことが言えるだろう。

とはいえ日常生活のなかで、何かを伝えようという意図の送受信で困ることは滅多にない。私たちは、なじみ深い言葉を耳にすれば、それが何かを伝えるために発せられた表現であることをただちに聞き取る。あるいは、知らない言語であっても、「どういう意味かはわからないけれど、とにかく何かを伝えようとしているんだな」と察することができさえすれば、そこから手探りで意思疎通を進めていけるだろう。

しかし、そのような意思疎通の機会が生じないままに他者との関係が途切れる場合には、他者の発した音や身振りが何かを伝えようとしていたのかどうかがわからないことがありうる。うめき声や吃音《きつおん》は、受け手の側がそれらに積極的に耳を傾けようとしないかぎり、単なる音として聞き流されてしまう。さらに言えば、はっきりした音を出していないときでさえも、送り手は言い淀みや口ごもりによってそのような意図を発しているかもしれない。

このとき、それらの曖昧な現れから何かを伝えようという意図を受け取ることは、単なる私の勘違いなのかもしれない。何か言いたげに見えたのは私の気のせいかもしれないし、うめき声が何かを訴えかけているように聞こえたのも私の思い込みかもしれない。しかし、たとえ思い込みだったとしてもそのような意図を受けとったときに、すでに私は、エンパシーによって結ばれる関係とは別の関係のなかに足を踏み入れている。

つまりそこでは、相手が私によって観察される対象ではなく、表現の送り手として――つまりコミュニケーションのパートナーとなる二人称の主体として――「君」と呼びかけるべき者になっているのである。たとえ「君」との出会いがその場かぎりのものだったとしても、そこでは「私」と「君」の関係が結ばれている。たとえ相手の言うことがまだ何もわからないとしても、とにかく何かを伝えたいという意図を私が受け取りさえすれば、私はすでにこの関係のなかに身を置いているのである。

†君の声に耳を傾ける

このようにして、何かを伝えようという意図を受け取ることによって始まる「私」と「君」のコミュニケーション関係を、フッサールは「社会的」と形容することがある（『フッサール全集』第一五巻、第二九番草稿）。たしかに表現（言葉や身振りなど）を介したコミュニケーション関係のなかで諸種の社会的活動（契約、対立、協働など）が可能になっている以上、コミュニケーション関係こそが社会的関係の基本形態であると言えよう。

するとこのとき、何かを伝えようという意図を受け取ることは、他者経験①から他者経験②への移行を可能にするもの、すなわちエンパシー関係からコミュニケーション関係（社会的関係）への移行を可能にするものとして位置づけられる。

社会の根源とは、「君が私に何かを伝えようとしているのだ」と私が思うことなのである。私は他者の意図を本当に受け取っているのか、それとも受け取ったと単に思い込んでいるだけなのか——どちらかに確定できないようなこの不分明な状態のなかに、社会の始まりについての秘密が隠れている。

フッサールがこの秘密に気づいていたことは、『デカルト的省察』出版の翌年の一九三二年に執筆された草稿のなかから読み取ることができる。


すべての社会性の根底に（まずもって、実際に樹立されている社会的活動の起源に）存しているのは、コミュニケーションの共同体、あるいは語りかけと語りかけを受容することだけの共同体の顕在的な結合である。なお、語りかけと語りかけを受容することは、より明確に言うと、話しかけることと耳を傾けることである。（『フッサール全集』第一五巻、第二九番草稿）

ここでフッサールは、何かを伝えようという意図をもって表現を送ることを「語りかけ」と総称し、そこから何かを伝えようという意図を受け取ることを「語りかけを受容すること」と総称している。さらにそれらは、「話しかけること」と「耳を傾けること」と言い換えられている。

他者の語る内容に同意できなくても、それどころかまだ理解することすら覚束ないとしても、他者が私に語りかけているのだということに気づきさえすれば、ただそれだけによって「共同体」の端緒が生じるのである。

引用文においては、この最低限の「私」と「君」の結びつきこそが、社会性の根底にあるとされている。社会的関係は、私が君の声に耳を傾けさえすればどこでも始まる関係であり、逆に言えば、私が耳を傾けることをやめてしまったら簡単に失われてしまう関係なのである。

†哲学的孤独からの脱却

そしてここまでの議論を踏まえると、第五章で言及した「比類のない哲学的孤独」から脱け出す余地が与えられる。

フッサールの言う哲学的孤独とは、経験の主体が私だけに限定され、私が他に並ぶ者のいない絶対的な地位に置かれるという意味での孤独だった（本書二一〇ページ）。その意味での孤独は、私が経験の主体がほかにも存在することに気づくこと（他者経験①）と、「私」が「君」との関係のなかに入ること（他者経験②）によって乗り越えられる。

そのような「私」の相対化は、「私」と「君」のあいだにコミュニケーション関係が結ばれる場面で、いつもすでに生じている。コミュニケーションにおいて、私はもはやすべてを自分の対象にするような絶対的な地位にはいない。なぜなら私は、そこにおいて私の観察対象にとどまらないパートナーと、つまり私に語りかける君と出会っているからだ。

この語りかけから始まるコミュニケーション関係のなかに巻き込まれることによって、私はもはや比類のない存在ではなくなる。なぜならこの関係においては、「私」が「君」にとっての「君」であり、「君」が「君」にとっての「私」であるからだ。

君は私と並ぶ者であることによって私の哲学的孤独を打ち破るが、このとき君が物理的に近くにいる必要はないし、君が私と親密である必要すらない。空間的にはどれだけ離れていても、そして関係がどれだけ疎遠であったとしても、二人のあいだに呼びかけ合う可能性がありさえすれば、それによって私は、少なくとも、比類のない孤独な地位から解放されるのである。

このように哲学的孤独から脱却するための糸口は、誰かと話をしたり、あるいは話しかけられずに互いに口ごもったりするという日常的な経験に立ち返ることで与えられるのである。

コラム2 リンゴの木とお茶会をする

余談だが、「耳を傾けること」をめぐるフッサールの記述をたどっているときに、しばしば思い出す物語がある。それは、子どもの頃に読んだニュージーランドの児童文学作家マーガレット・マーヒーの「魔法使いのチョコレート・ケーキ」という短編である。

お話のなかに登場するのは、一人で町のはずれに暮らしている魔法使いの老人だ。魔法使いはお菓子を作るのが好きで、それを一緒に食べてくれる友達がほしくて、町の人びとに招待状を送る。しかし人びとは彼を怖れ、誰も誘いに応じてくれなかった。

そんなある日、魔法使いは、自分の家の庭にリンゴの木の若木が生えていることに気がつく。ジョウロで木に水をあげながら、魔法使いは町のほうを眺め、「だれかやってきて、わたしといっしょに朝のお茶をのんでくれないかなあ」とつぶやく。

リンゴの木は、出たばかりの若葉を、さやさやと鳴らしました。そこで、魔法使いは、ひょいと、あることを思いつきました。
「そうだ、肥料のごちそうでも、ちょっぴりやろうか?」と、魔法使いは、木にいいました。(石井桃子訳)

魔法使いは、リンゴの木のために肥料のケーキを作って根もとで崩してやり、お茶の代わりに赤いジョウロで水をあげることにする。そして自分は、木のそばに腰かけ、チョコレート・ケーキを食べながらお茶を飲む。

フッサールが『イデーンI』のなかで好んで例に挙げたリンゴの木がここに登場するのは、もちろんただの偶然である。ただの偶然なのだが、ここに晩年のフッサールが論じていた「話しかけること」と「耳を傾けること」を当てはめて考えてみるのも悪くはないだろう。社会的関係を結ぶ相手は、何もはじめからホモ・サピエンスだけに限定されているわけではない。それゆえ、リンゴの木を他者として経験し、そして「君」として遇する可能性について検討する余地は十分にあるのだ。

少なくとも魔法使いは、リンゴの木の「さやさや」という葉ずれの音を、ただの音ではなく、自分に何かを伝えようとする声として受けとめ、その声に耳を傾けている。そして彼は、リンゴの木のなかに、ごちそうが食べたいという願いを移し入れている。

フッサールであれば、こうした魔法使いの心の動きを、たんなる錯覚だと見なすだろうか。それとも、やはりここにも「語りかけと語りかけを受容することだけの共同体の顕在的な結合」があり、したがって社会的関係が結ばれていると考えるだろうか。

フッサールが明言していないことについて、これ以上の詮索をすることは控えておこう。ただ筆者は、フッサールの他者論が社会的関係を実際に結ぶことと結んだふりをすることの区別を明示していない以上、リンゴの木とお茶会をすることが社会的関係ではないと言い張る理由はどこにもないと考えている。

魔法使いの志向性が向かっているのは、もはや超越的知覚の対象としてのリンゴの木ではなく、一緒にお茶を飲んでくれる友達である。

こういうことがあったあと、魔法使いとリンゴの木は、まい日、朝と午後のお茶をいっしょにのむようになりました。魔法使いが、じぶんのチョコレート・ケーキをつくるときには、リンゴの木にも、かならず肥料ケーキをつくりました。そこで、魔法使いはいそがしくなり、まえほどさびしくなくなりました。（石井桃子訳）

物語のなかで重要なのは「まえほどさびしくなくなる」という心情の変化が生じたことだが、それに加えて本書の見地から興味深いのは、魔法使いがリンゴの木を、ケーキを味わうという経験の主体、そして一緒にお茶会をするというコミュニケーションのパートナーと見なしているということだ。他者経験①（エンパシー）と他者経験②（コミュ

――ニケーションにおける他者経験）が成立しているという意味で、魔法使いは、きっと本書で問題としてきたような「比類のない哲学的孤独」からも脱しているのだろう。

おわりに

†今回の探検はひとまずここまで

本書は、現象学の活動を「探検」に喩えていたフッサールに従って、彼の現象学がどのような領野に足を踏み入れ、その領野でどのような発見をしたのかを追跡してきた。

こうした探検の際にフッサールを駆り立てていた問題を、本書は「経験の仕組みの問題」と「経験の分類の問題」として定式化した（本書一三〇ページ）。そしてこれらの問題への解答として、フッサールは、経験の仕組みを露わにするために「超越論的還元」という方法を考案し、そのうえで経験を「超越的知覚、内在的知覚、価値覚、他者経験」に分類したのだった（第二〜三章）。そして各種の経験において対象（超越的対象、私の体験、価値、他者の体験）がどのように与えられるのかが解明されたのである（第四〜六章）。

ところで、還元を経たあとの超越論的経験において対象が「与えられる」ということは、それが「構成される」ということと同義であった（本書一一八ページ）。だとすれば、各種の対象の与えられ方が解明されたということは、経験におけるそれらの構成のされ方が解明されたということにほかならない。

フッサールの超越論的現象学は、エポケー（判断停止）という操作によって、経験の外側に各種の対象が存在するという判断を停止するところから始まる。しかしそれらの対象は、今や、経験の内側で構成されるものとして取り戻された。だとすれば私たちは、エポケーによって日常からいったん離れたあとで、長い回り道を経て、リンゴの木もぼた餅も青い空も他者も存在する馴染み深い世界に戻ってきたのである。

†哲学をする理由

本書の第二章では、「日常に帰るまでが現象学」であるというスローガンを掲げていた（本書六七ページ）。このスローガンどおり私たちも日常に帰ってきたので、めでたしめでたし……と言いたいところだが、ここで新たな疑問が生じる。もともといた場所に帰ってくるのであれば、はじめから探検に行く必要などなかったのではないか。現象学の活動にいそしむ理由とはいったい何なのか――現象学が哲学の一形態であることを踏まえると、これは、つきつめれば私たちが哲学をする理由についての問いである。

この問いへの答えはおそらく一つではないのだが、ひとまず現象学の立場から答えておこう。フッサールの現象学は、たしかに表面上は日常的に私たちが下している判断をそのまま取り戻す。しかし今や対象は、私たちの経験と無関係に存在するのではなく、あくまで経験の内部で与えられる(構成される)ものと考えられている。だとすれば、表面上は何の違いもないとしても、対象の捉え方には大きな違いが生じているのである。

現象学を始める前には、対象は、経験とは無関係に、当たり前に世界に存在すると見なされている。しかし現象学においては、この「当たり前」のスイッチがいったん解除され、経験の内側から、私が対象に出会うまでの道筋が探られることになる。その過程では、それまで当たり前と思われていた対象との出会いに不思議さを感じたり、それまで意識されていなかった対象との隔たりに気づいたりすることがあるかもしれない。

実際のところフッサールは、私にとって遥か遠くにあるもの——私の経験をはみ出す「超越的な」ものや、私の経験には決して根源的には与えられない「異質な」もの——すらも、やはりそういうものとして私の経験において与えられる(構成される)のだと考えた。それを説明するために彼が「カント的な意味での理念」や「付帯現前化」などの用語を導入したことは、本書で見てきたとおりである。

もしこうした用語に違和感があるのなら、フッサールと同じ言葉づかいをしなくても構わない。だがいずれにせよ、事物や他者が存在することを当たり前のこととせず、それらとの距離を自分の経験の内側から測ろうとするとき、私たちはフッサールと同じ課題を引き受けている。

そしてそのとき、なぜ哲学をするのかという疑問に対しても、一つの答えを与えることができるだろう。私たちが――少なくとも筆者自身が――哲学をするのは、日常生活に没頭したままでは忘れられがちなことを、忘れたままにしておかないためである。

事物が決して全面的には与えられないこと、私は自分の生を一挙に捉えることができないこと、対象の価値は私の頭が冷めたら簡単に見失われてしまうこと、そして他者は私にとって異質な者でありつづけること――こうしたことを忘れたままにしておきたくないと思うなら、何度でも現象学的な探検に出発して、何度でも日常に帰ってきてよいのである。

帰ってきたあとには、いつも当たり前だと思っていたことが、ほんの少しだけ違ったふうに捉えられる。例えば、いつも出会っているあの人のなかに私の手の届かない異質な何かがあることを再確認することで、あの人の顔がほんの少しだけ違ったふうに見えたり、あの人の声がほんの少しだけ違ったふうに聞こえたりするかもしれない。その「ほんの少し」が、きっと、とても大切なことなのだ。

読書案内

【フッサールの現象学についてさらに知りたい方へ】

フッサールの現象学についての解説書や研究書はこれまでに数多く出版されているが、そのなかでも特に、フッサールの現象学に関心をもった方にまず読んでほしい本を三冊挙げておく。

谷徹『これが現象学だ』（講談社現代新書、二〇〇二年）

フッサールの現象学の解説を踏まえて、フッサールとともに哲学をすること、そしてそれを通して自分自身で考えることを実践させてくれる最良の入門書である。「経験」概念を主軸として「世界」「私」「他者」へと議論を展開していくという構成は本書と同じである――というより本書がこの本を範とした――のだが、それに加えて学問論、ノエシス・ノエマ論、そして発生的現象学など、本書で詳しく扱うことができなかった事柄もカバーしている。

門脇俊介『フッサール――心は世界にどうつながっているのか』（NHK出版、二〇〇四年）

さまざまな哲学者の思考の核心を提示する「哲学のエッセンス」というシリーズの一冊として出版されたこの本は、フレーゲの意味論との対比を通じて、現代哲学のなかでのフッサールの現象学の立ち位置を明確に示している。扱われる著作は主に『論理学研究』と『イデーンI』であり、心を世界に結びつける「表象」のはたらきについてのフッサールの考え方の変遷、そしてその末に彼が到達した「現象学的還元」の意義が鮮やかに描き出される。

榊原哲也「フッサール」（野家啓一責任編集『哲学の歴史〈第10巻〉危機の時代の哲学』所収、中央公論新社、二〇〇八年、一〇一〜一七六頁）

古代から現代に至るまでの主要な哲学者の思想を網羅した『哲学の歴史』シリーズのなかには「フッサール」の章も設けられている。ここでは、フッサールの生涯に沿って、主要著作の内容やフッサールの現象学の生成過程が過不足なく叙述されている。これからフッサールについて学びたいと思う人は、ここで基礎的な知識を得ることができるだろう。同書巻末には、フッサールの著作や研究文献のリストも収められており、発展的な学習のためにも役立つ。

これら三冊に加えて、さらに深くフッサールについて学びたい人のためにおすすめの本もいくつか紹介しておこう。

新田義弘編『フッサールを学ぶ人のために』（世界思想社、二〇〇〇年）は、フッサールの現象学の内容だけでなく、フッサールと同時代あるいは後の世代の哲学者たちとの関係についても詳しく紹介している点が特色である。各分野の専門家が執筆したそれぞれの章を読むことで、自分の関心のあるテーマを探すことができるはずである。

フッサールの現象学の発展的内容の解説書としては、**ダン・ザハヴィ『フッサールの現象学』**（工藤和男・中村拓也訳、晃洋書房、新装版二〇一七年）、**新田義弘『現象学とは何か――フッサールの後期思想を中心として』**（講談社学術文庫、一九九二年）、**田島節夫『フッサール』**（講談社学術文庫、一九九六年）、**富山豊『フッサール　志向性の哲学』**（青土社、二〇二三年）を挙げておく。ザハヴィの著作は、フッサールの現象学が「超越論哲学」へと転回していった過程をたどったうえで、後期フッサールの時間論、身体論、他者論、生活世界論を丁寧に紹介している。新田の著作は、特にフッサールの後期思想において展開された「発生的現象学」の意義について深く論じている。また田島の著作は、フッサールの生涯についての詳しい叙述を含んでいる点や、相互主観性（＝間主観性）について立ち入った考察をしている点が特徴である。そして富山の著作においては、特に『論理学研究』におけるフッサールの「志向性」概念について、明晰かつ本格的な解説を読むことができる。

また、フッサールの現象学を手引きとして独自の思考を展開した著作もある。例えば**斎藤慶典『フッサール　起源への哲学』**（講談社選書メチエ、二〇〇二年）は、著者自身とフッサールの「対決の書」（同書一五頁）である。起源への遡行《そこう》を目指すフッサールの現象学がどこに到達したのかを妥協なく考え抜いたこの本は、一般的な「入門書」とは異なる仕方ではあるにせよ、やはり読者を現象学へと導いてくれる。また**田口茂『現象学という思考――〈自明なもの〉の知へ』**（筑摩選書、二〇一四年）も、フッサールの現象学を基礎としつつ、「自明性」というテーマを手引きとした著者自身の考察を展開している。「フッサールと筆者の共同作業」（同書二六頁）は、既存の専門用語に踊らされることなく、自分の言葉で「物」や「自我」や「他者」について思考することを教えてくれる。

そして別の観点から、**トーン・ホルステン『フッサールの遺稿――ナチから現象学を守った神父』**（赤坂桃子訳、左右社、二〇二三年）も紹介しておきたい。本書の第一章で述べたように、ユダヤ人であったフッサールの自筆原稿は、彼の死後（一九三八年）、ナチ政権による処分の危機にさらされていた。この本は、フッサールの遺稿を救い出してベルギーのルーヴァンにフッサール文庫を創設した神父ファン・ブレダの活動を記録したノンフィクション作品である。

【現象学全般について知りたい方へ】

また、フッサールの現象学に限らず、現代の現象学についての幅広い知識を得たい方には左記の著作をおすすめする。

植村玄輝・八重樫徹・吉川孝編著、富山豊・森功次著『ワードマップ 現代現象学――経験から始める哲学入門』（新曜社、二〇一七年）

この本の主題である「現代現象学」とは、過去の特定の現象学者の思想に限定されるものではなく、現代の哲学のなかで今まさに活用されている現象学である。この本は、「基本編」で現代現象学の特徴や基本的な発想を明らかにしたうえで、さらに「応用編」で「志向性」「存在」「価値」「芸術」「社会」「人生」等の個別テーマに即して現象学的な思考を実地で体験させてくれる。本文と分けて下段に注が付いており、そこから参考文献や発展的な話題についての豊かな情報を得ることができるのも嬉しい。

榊原哲也・本郷均『現代に生きる現象学――意味・身体・ケア』（放送大学教育振興会、二〇二三年）

放送大学の教材として出版されたこの本においては、フッサール、シェーラー、ハイデガー、サルトル、メルロ＝ポンティ、レヴィナスらの現象学が解説されている。さらに本書では、現象学の看護における展開が紹介されたうえで、分担執筆者の西村ユミによって、「ケアの現象学」について、インタビューやフィールドワークにもとづいた研究の成果が紹介されている。現象学の歴史的発展や現代的意義について、この一冊から多くを学ぶことができる。

ステファン・コイファー、アントニー・チェメロ『現象学入門――新しい心の科学と哲学のために』（田中彰吾・宮原克典訳、勁草書房、二〇一八年）

この本では、現象学が、現代の認知科学（自然あるいは人工の知能における認知の仕組みを調べる学際的研究）との関連で紹介されている。この本においては、現象学の主要な考え方に加えて、それと密接に関わる「ゲシュタルト心理学」「生態心理学」「身体性認知科学」等についての解説がなされている。この本を通じて現象学と認知科学の関連について関心をもった人は、さらにショーン・ギャラガー、ダン・ザハヴィ**『現象学的な心――心の哲学と**

認知科学入門』（石原孝二・宮原克典・池田喬・朴嵩哲訳、勁草書房、二〇一一年）も読んでみてほしい。

【現象学の応用について知りたい方へ】

「はじめに」でも述べたように、現象学は、他の思想運動や学問分野と結びついてさまざまな仕方で応用されている。本書ではその多様な展開について紹介することができなかったが、例えば看護学との関連においては、**パトリシア・ベナー、ジュディス・ルーベル『現象学的人間論と看護**』（難波卓志訳、医学書院、一九九九年）や**西村ユミ『語りかける身体――看護ケアの現象学**』（講談社学術文庫、二〇一八年）を挙げることができる。また社会学との関連においては、その第一人者である**アルフレート・シュッツ**の諸著作のほか、**那須壽『現象学的社会学への道――開かれた地平を索めて**』（恒星社厚生閣、一九九七年）を通じて学ぶことができる。地理学との関連においては**エドワード・レルフ『場所の現象学――没場所性を越えて**』（高野岳彦・阿部隆・石山美也子訳、ちくま学芸文庫、一九九九年）が入手しやすく、かつ興味深い。

また、フェミニズムとの関連においては、**稲原美苗・川崎唯史・中澤瞳・宮原優編『フェミニスト現象学入門――経験から「普通」を問い直す**』（ナカニシヤ出版、二〇二〇年）、および『フェミニスト現象学――経験が響きあう場所へ』（ナカニシヤ出版、二〇二三年）が公刊されている。フェミニスト現象学は、女性の経験を社会通念や規範との関連で記述することから始まり、近年ではトランスジェンダー、「男らしさ」、差別、障害、老いなどのさまざまなトピックを含む「多くの人たちの、さまざまな経験が交叉する場」（『フェミニスト現象学』ⅸ頁）を形成している。

ここで紹介したのは、現象学運動に関わる文献のごく一端にすぎない。本書を通じて現象学に関心をもってくださった方が、それぞれの問題意識に沿って読書の幅を広げ、そして自分自身で現象学を活用してくだされば嬉しく思う。

あとがき

新書を読むのが好きです。書店の新書コーナーを眺めて、何となく好奇心をくすぐられた一冊を買い求めて、うきうきした気分で帰宅するのが好きです。朝のバスのなかで、あるいは夜に布団にもぐりこんで、ちまちまと読み進めるのが好きです。まるで知らない土地に小旅行をしたときのように、読むと自分の世界がちょっと広がったように感じられるところが好きです。

そんなわけで、これまで私にとって、新書は「読むもの」でした。まさか自分が書き手になるとは思わなかったのですが、このたび貴重な機会をいただいて、私の専門分野のフッサールの現象学について執筆することになりました。

本書を完成させるまでの二年半は、入門書を書くことの大変さを思い知る日々でした。いまだに私は原稿用紙の愛用者なのですが、ほとんどの時間は真っ白な原稿用紙を眺めて唖然とし、呆然とし、それからまた唖然としているうちに過ぎていきました。

そのように煩悶しつつも何とか本書を完成させることができたのは、多くの方々のお力添えのおかげです。

立命館大学の谷徹先生からは、これまで長らくお世話になってきましたが、本書の執筆に際しても多くのご助言をいただきました。十年前、谷先生のご指導を受けたくてメールを送り、そしてすぐに温かいお返事をいただいたときの「畏れ多いけど嬉しい！」という気持ちをはっきり覚えています。今回、谷先生が本書の原稿にびっしりとコメントを付けて返してくださったときにも、やはり「畏れ多いけど嬉しい！」という思いを抱きました。言葉を受け取ること、そしてそれに応えることにどれほど多くの情熱を注ぐべきかを、私は谷先生から学びました。本書はまだ不十分な応答にすぎませんが、谷先生から受け取った言葉に対して、これからも私なりの応え方を探っていきたいと思います。

また上島洋一郎氏（関西大学）、植村玄輝氏（岡山大学）、小林道太郎氏（大阪医科薬科大学）、三村尚彦氏（関西大学）、柳川耕平氏（立命館大学）、吉川孝氏（甲南大学）も、本書の原稿を読んでコメントしてくださいました。尊敬する研究者の皆さんから鋭い指摘をしていただけたことが、改稿の大きな助けとなりました。

私の勤務先である立命館大学の大学院生・学部生の皆さんも、本書の原稿を使用した授業のなかで重要な意見を述べてくださいました。砂川優斗さん、大滝夏希さん、胡景峰さん、張玉峰さん、西村紗貴乃さん、Hannah Pettoriniさん、播磨祈蕗さん、范延洋さん、堀尾萌子さん、村田淳一郎さん、路熊倫彦さん。皆さんとの対話を通じて、私は、一人では気づけなかったたくさんのことを教えてもらいました。

そして筑摩書房の加藤峻さんは、立ち止まりがちな私を優しく励ましながら、全体の構成から細部の言葉づかいに至るまで思慮に満ちたアドバイスをしてくださいました。最初にお声がけいただいてから長らくお待たせしてしまいましたが、加藤さんに導いてもらったおかげで、何とか本書を書き上げることができました。

また、杉本綾子さんは、本書のコラム2に魔法使いとリンゴの木の挿絵を描いてくださいました。本書の最後を素敵なイラストで飾っていただき、とても嬉しく思います。

ここにお名前を書ききれなかった方々を含め、これまで私と一緒に哲学をしてくださった皆さん、そして本書の作成に協力してくださった皆さんに感謝いたします。本当にありがとうございました。

先ほど「本書を書くのは大変だった」と述べたのですが、同時にとても楽しかったことも事実です。フッサールとの小旅行を満喫していたのは、誰よりもまず私自身であったようです。『東海道中膝栗毛』の弥次さん喜多さんのように愉快な旅路というわけにはいきませんが、険しい顔で一心不乱に突き進むフッサールの後ろを静かについていくのも、それなりに楽しいものですね。
読者の皆さんは、いかがだったでしょうか。「もういいよ！」という方もおられるかもしれませんが、いつかまた、一緒に孤独な探検に出かけましょう。

二〇二五年一月

鈴木崇志

参考文献

【フッサールの著作】

フッサールの著作からの引用は、基本的に『フッサール全集（*Husserliana*）』から行った。本書で直接引用ないし言及した巻は下記のとおりである。

第 I 巻（Bd. I）

Cartesianische Meditationen und Pariser Vorträge, hrsg. von Stephan Strasser, 2. Auflage, Den Haag: Martinus Nijhoff, 1950.

フッサール『デカルト的省察』浜渦辰二訳、岩波文庫、2001 年。

第 III 巻第一分冊（Bd. III/1）

Ideen zu einer reinen Phänomenologie und phänomenologischen Philosophie. Erstes Buch. Allgemeine Einführung in die reine Phänomenologie. 1. Halbband, hrsg. von Karl Schuhmann, Den Haag: Martinus Nijhoff, 1976.

エトムント・フッサール『イデーンⅠ－Ⅰ』渡辺二郎訳、みすず書房、1979 年。

第 III 巻第二分冊（Bd. III/2）

Ideen zu einer reinen Phänomenologie und phänomenologischen Philosophie. Erstes Buch: Allgemeine Einführung in die reine Phänomenologie. 2. Halbband, hrsg. von Karl Schuhmann, Den Haag: Martinus Nijhoff, 1976.

エトムント・フッサール『イデーンⅠ－Ⅱ』渡辺二郎訳、みすず書房、1984 年。

第 IV 巻（Bd. IV）

Ideen zu einer reinen Phänomenologie und phänomenologischen Philosophie. Zweites Buch: Phänomenologische Untersuchungen zur Konstitution, hrsg. von Marly Biemel, Den Haag: Martinus Nijhoff, 1952.

エトムント・フッサール『イデーンⅡ－Ⅰ』立松弘孝・別所良美訳、みすず書房、2001 年／『イデーンⅡ－Ⅱ』、立松弘孝・榊原哲也訳、みすず書房、2009 年。

第 VI 巻（Bd. VI）

Die Krisis der europäischen Wissenschaften und die transzendentale Phänomenologie: Eine Einleitung in die Phänomenologische Philosophie, hrsg von Walter Biemel, 2. Auflage, Den Haag: Martinus Nijhoff, 1962.

エドムント・フッサール『ヨーロッパ諸学の危機と超越論的現象学』細谷恒夫・木田元訳、中公文庫、1995 年。

第 X 巻（Bd. X）

Zur Phänomenologie des inneren Zeitbewusstseins (1893-1917), hrsg. von Rudolf Boehm, Den Haag: Martinus Nijhoff, 1966.

エトムント・フッサール『内的時間意識の現象学』谷徹訳、ちくま学芸文庫、2016 年。

第 XIII 巻（Bd. XIII）

Zur Phänomenologie der Intersubjektivität. Texte aus dem Nachlass. Erster Teil: 1905–1920, hrsg. von Iso Kern, Den Haag: Martinus Nijhoff, 1973.

第 XIV 巻（Bd. XIV）

Zur Phänomenologie der Intersubjektivität. Texte aus dem Nachlass. Zweiter Teil: 1921–1928, hrsg. von Iso Kern, Den Haag: Martinus Nijhoff, 1973.

第 XV 巻（Bd. XV）

Zur Phänomenologie der Intersubjektivität. Texte aus dem Nachlass. Dritter Teil: 1929–1935, hrsg. von Iso Kern, Den Haag: Martinus Nijhoff, 1973.

（XIII〜XV 巻の部分訳）エトムント・フッサール『間主観性の現象学：その方法』『間主観性の現象学：その展開』『間主観性の現象学Ⅲ：その行方』浜渦辰二、山口一郎監訳、ちくま学芸文庫、2012・2013・2015 年。

第 XIX 巻第一分冊（Bd. XIX/1）

Logische Untersuchungen. Zweiter Band: Untersuchungen zur Phänomenologie und Theorie der Erkenntnis. Erster Teil, hrsg. von Ursula Panzer, Den Haag: Martinus Nijhoff, 1984.

エドムント・フッサール『論理学研究 2』立松弘孝・松井良和・赤松宏訳、みすず書房、1970 年／『論理学研究 3』立松弘孝・松井良和訳、みすず書房、1974 年。

第 XIX 巻第二分冊（Bd. XIX/2）

Logische Untersuchungen. Zweiter Band: Untersuchungen zur Phänomenologie und Theorie der Erkenntnis. Zweiter Teil, hrsg. von Ursula Panzer, Den Haag: Martinus Nijhoff, 1984.

エドムント・フッサール『論理学研究 4』立松弘孝訳、みすず書房、1976 年。

第 XLII 巻（Bd. XLII）

Grenzprobleme der Phänomenologie: Analysen des Unbewusstseins und der Instinkte. Metaphysik. Späte Ethik. Texte aus dem Nachlass (1908–1937), hrsg. von Rochus Sowa und Thomas Vongehr, Dordrecht: Springer, 2014.

記録集第 I 巻（Dokumente Bd. I）

Husserl-Chronik: Denk- und Lebensweg Edmund Husserls, hrsg. von Karl Schuhmann, Den Haag: Martinus Nijhoff, 1977.

記録集第 III 巻第四分冊（Dokumente Bd. III/4）

Briefwechsel. Teil 4: Die Freiburger Schüler, in Verbindung mit Elisabeth Schuhmann herausgegeben von Karl Schuhmann, 1994.

『経験と判断』は『フッサール全集』に収録されていないため、下記の版を使用した。

Erfahrung und Urteil: Untersuchungen zur Genealogie der Logik, redigiert und herausgegeben von Ludwig Landgrebe, 7. Auflage, Hamburg: Felix Meiner, 1999.

エドムント・フッサール『経験と判断〔新装版〕』L・ランドグレーベ編、長谷

川宏訳、河出書房新社、1999年。

【その他の文献】


芥川龍之介『ちくま日本文学002　芥川龍之介』ちくま文庫、2007年。

植村玄輝『真理・存在・意識――フッサール『論理学研究』を読む』知泉書館、2017年。

九鬼周造『九鬼周造全集』第七巻、岩波書店、1981年。

ゲーテ『ファウスト――悲劇第一部』、『ファウスト――悲劇第二部』手塚富雄訳、中公文庫、2019年。

榊原哲也『フッサール現象学の生成――方法の成立と展開』東京大学出版会、2009年。

佐藤駿『フッサールにおける超越論的現象学と世界経験の哲学――『論理学研究』から『イデーン』まで』東北大学出版会、2015年。

鈴木崇志『フッサールの他者論から倫理学へ』勁草書房、2021年。

田島節夫『フッサール』講談社学術文庫、1996年。

谷徹『意識の自然――現象学の可能性を拓く』勁草書房、1998年。

浜渦辰二『フッサール間主観性の現象学』創文社、1995年。

ホルステン，トーン『フッサールの遺稿――ナチから現象学を守った神父』赤坂桃子訳、左右社、2023年。

マーヒー，マーガレット『魔法使いのチョコレート・ケーキ――マーガレット・マーヒーお話集』シャーリー・ヒューズ画、石井桃子訳、福音館書店、1984年。

吉川孝『フッサールの倫理学――生き方の探究』知泉書館、2011年。

八重樫徹『フッサールにおける価値と実践――善さはいかにして構成されるのか』水声社、2017年。

『東海道中膝栗毛』（新編　日本古典文学全集81）、中村幸彦校注、小学館、1995年。

『布留散東・はちすの露・草径集・志濃夫廼舎歌集』（和歌文学大系74）、久保田淳監修、鈴木健一・進藤康子・久保田啓一著、明治書院、2007年。

Fink, Eugen. "Die intentionale Analyse und das Problem des spekulativen Denkens", in *Nähe und Distanz*, hrsg. von Franz-Anton Schwarz, Freiburg; München: Karl Alber, 1976. S. 139-157.

Jacobs, Hanne (ed.). *The Husserlian Mind*, London; New York: Routledge, 2022.

Kant, Immanuel. *Kritik der reinen Vernunft*, hrsg. Von Jens Timmermann, Hamburg: Velix Meiner, 1998.（邦訳）イマヌエル・カント『純粋理性批判（上・中・下）』原佑訳、平凡社ライブラリー、2005年。

Lanzoni, Suzan. "Empathy's Translations: Three Paths from Einfühlung into Anglo-American Psychology", in *Empathy: Eptisemic Problems and Cultural-Historical Perspectives of a Cross-Disciplinary Concept*, Vanessa Lux and Sigrid Weigel (eds.), London: Palgrave Macmillan, 2017, pp. 287-315.

Mayer, Verena. *Edmund Husserl*, München: C. H. Beck, 2009.
Moran, Dermot. *Edmund Husserl: Founder of Phenomenology*, Cambridge; Malden: Polity, 2005.
Waldenfels, Bernhard. *Einführung in die Phänomenologie*, München: Wilhelm Fink, 1992.
Zahavi, Dan. *Self & Other: exploring subjectivity, empathy, and shame*, Oxford: Oxford University Press, 2014.（邦訳）ダン・ザハヴィ『自己と他者――主観性・共感・恥の研究』、中村拓也訳、晃洋書房、2017 年。
Edmund Husserl und die phänomenologische Bewegung: Zeugnisse in Text und Bild, im auftrag des Husserl-Archivs Freiburg im Breisgau herausgegeben von Hans Rainer Sepp, Freiburg; München: Karl Alber, 1988.

ちくま新書
1846

フッサール入門《にゅうもん》

二〇二五年三月一〇日　第一刷発行

著　者　鈴木崇志（すずき・たかし）

発行者　増田健史

発行所　株式会社 筑摩書房
東京都台東区蔵前二-五-三　郵便番号一一一-八七五五
電話番号〇三-五六八七-二六〇一（代表）

装幀者　間村俊一

印刷・製本　株式会社 精興社

ISBN978-4-480-07673-1 C0210